성광웅 여행기

그리움은 파도(FADO)를 타고

- 남유럽 역사문화예술 기행 중심 -

도서출판 명성서림

그리움은 파도(FADO)를 타고

2019년 11월 11일 제 1판 인쇄 발행

지 은 이 ┃ 성광웅
펴 낸 이 ┃ 박종래
펴 낸 곳 ┃ 도서출판 명성서림

등록번호 ┃ 301-2014-013
주   소 ┃ 서울특별시 중구 삼일대로8길 17 3,4층(충무로2가)
전   화 ┃ 010-5313-6300(저자) / 02) 2277-2800
팩   스 ┃ 02)2277-8945
이 메 일 ┃ ycbnstrd@naver.com(저자) / ms8944@chol.com

ⓒ2019 성광웅
값 15,000원

ISBN 979-11-89678-14-2

※ 잘못 만들어진 책은 바꿔드립니다.
   이 책 내용의 일부 또는 전부를 재사용하려면
   반드시 저작권자의 동의를 얻어야 합니다.

대항해시대 해상왕국을 이룬 포르투갈 탐험가, 발견 기념비

♣ 프롤로그

　남유럽 스페인과 포르투갈은 이베리아반도에 있다. 지도상에 유럽 남쪽에 위치해 서쪽은 대서양과 접하고 남쪽은 지브롤터 해협, 지중해를 사이에 두고 서북 아프리카 모로코와 마주 보고 있다. 유럽과 아프리카 길목에 있는 모로코는 유럽 강대국의 각축장이 되어 수 세기 내내 외세에 시달렸다.
　남유럽 제국은 위도를 보면 온대에 속한다. 온화하고 따뜻한 기후에 농수산물이 풍부해 고대부터 강대국, 이민족이 차지하려고 눈독을 들이며 기회를 노리는 지역이다. 자고로부터 살기 좋은 이곳에 인접 강대국 카르타고, 로마, 이슬람제국에 의해 수 세기 동안 지배를 받다가 1469년 가톨릭 연합국에 의해 실지가 회복된다. 그 무렵 콜럼버스에 의한 신대륙 발견으로 대항해시대가 열리고 동서로 배를 띄어 해외식민지를 개척한다. 거대한 해상왕국으로 발돋움해서 한때 세계를 지배하며 호황을 누린다.
　세계 식민지 개척사를 되돌아 보면 제일 먼저 포르투갈이 대양을 향해 앞장서고 뒤이어 스페인, 네덜란드, 영국, 프랑스가 뒤를 따른다. 이들 나라가 더 넓은 해외식민지와 주요 농수산물, 금은보화를 차지하려고 총칼을 앞세워 아프리카, 아시아, 아메리카,

오세아니아에 진출해 자행한 식민지 쟁탈전과 철권통치의 역사적 과정을 살펴보고자 한다.

　해외 여러 나라와 인적 왕래가 잦아 무역이 성행하고, 노동력의 수요와 공급원칙에 의해서 차마 눈 뜨고 보지 못할 인륜을 저버린 '노예무역'이 이루어진다. 그로부터 영원히 지속할 것만 같았던 세상은 세월이 흐르고 시대가 바뀌면서 힘없던 약소국은 강대국의 지배를 벗어나 어느 시기에 자주독립을 이뤄 오늘에 이룬다.

그리움은 파도를 타고 발간하며
2019년 10월 10일 서재에서

♣ 목차

Ⅰ. 머리말   08

Ⅱ. 태양, 정열의 나라, 스페인 왕국   12
   (Spain, Kingdom of Spain)

  1. 역사적 배경   14
  2. 자연환경과 산업발달   19
  3. 스페인 근대화의 역사적인 인물   22
  4. 스페인 제2의 도시, 바로셀로나(Barcelona)   23
  5. 성모 마리아 성지, 몬세라트(Monstserrat)   39
  6. 지중해 연안 도시, 발렌시아(Valencia)   46
  7. 찬란한 이슬람문화의 도시, 그라나다(Granada)   54
  8. 스페인의 산토로니, 미하스(Mijas)   65
  9. 로마제국의 누예보 다리, 론다(Ronda)   73
  10. 스페인의 고대도시, 세비야(Servilla)   79
  11. 고유한 전통이 살아 숨 쉬는 고대도시 똘레도(Toledo)   98
  12. 돈키호테 소설의 배경, 콘수에그라(Consuegra) 풍차 마을   106
  13. 수페인 수도 마드리드(Madrid)   109
  14. 스페인이 자랑하는 프라도 미술관(Musem Del Prodo)   116
  15. 스페인의 지중해 관문, 타리파(Tarifa)   119

목 차 ♣

Ⅲ. 모로코 왕국(Kingdom of Morocco)   125

   1. 역사적 배경   127
   2. 자연환경과 산업발달   130
   3. 모로코의 기후와 생활풍습   132
   4. 모로코의 대서양 관문, 탕헤르(Tangier)   134
   5. 모로코 수도, 라바트(Rabat)   137
   6. 유명한 영화 제목, 카사블랑카(Casablanca)   139
   7. 옛 영광의 그림자, 마라케쉬(Marrakesh)   145
   8. 모로코의 영혼이 살아 숨 쉬는 페스(Fes)   147
   9. 지중해 연안 항구, 세우타   155

Ⅳ. 포르투갈 공화국(The Republic of Portugal)   158

   1. 역사적 배경   159
   2. 자연환경과 산업발달   165
   3. 포르투갈의 저명한 개척자와 문화예술가   167
   4. 포르투갈의 수도, 리스본(Lisbon)   169
   5. 대서양 땅끝 마을, 까보다 로카(Caboda Roca)   186
   6. 국제 소매치기   189
   7. 파티마 성모 마리아 발현 성지(Nossa Senhora de Fatima)   195
   8. 유서 깊은 살라망카   200
   9. 스페인 마드리드 국제공항   202

Ⅴ. 에필로그   205

Ⅰ. 머리말

　남유럽 스페인, 포르투갈, 모로코는 필자에게 오래전부터 가보고 싶은 세계여행지 중 제일 우선순위에 올라있는 지역이다. 여러 가지 일이 동시에 겹쳐 차일피일 뒤로 미루는 통에 최종 결정이 늘어져 고민했다. 무슨 일이고 간에 마음 굳게 먹으면 실행에 꼭 옮겨야 한다. 그렇지 않으면 업무에 떠밀려 자동 포기해 기회를 잃는 일이 종종 발생하기 때문이다. 기회는 항상 오지 않는다. 여행사와 업무 협조하는 과정에서 여행기간 일부를 조정했다.
　이번 여행계획은 잘 짜인 것 같은 예감이 들었다.
　그 시기에 미국의 금리인상과 영국의 유럽연합탈퇴 여부로 국제환율이 시시각각 요동친다. 세계 경제 전망이 불확실한 관계로 앞날의 경기예측이 어둡다. 가능하면 혹서와 한파를 피해 좋은 계절, 힐링 장소에 가서 좀 더 여유 있는 여행을 즐기고 오는 쪽으로 가닥을 잡아 실행에 옮기기로 했다.
　오늘 날씨는 대체로 흐리고, 간간이 비가 온다고 예보한다. 이제부터 장마가 시작된다는 기상청 일기예보를 귀담아듣고서 17시 30분에 집을 나섰다.
　밤사이 비가 많이 내렸다. 땅이 흥건히 젖어 있다. 필자는 서둘러 오목교 지하철로 들어섰다. 전철을 기다리는데 40대 여인이 우리에게 다가온다. 그녀는 여행 가방을 들고 이동하는 우리의 모습을 보고서 말을 걸어온다.

자기는 다리가 아파 해외여행은커녕 제주도 여행도 가본 적이 없다고 말하며 부러워한다. 전철을 타기 전 잠깐 대화를 나눈 인연으로 먼저 탄 그 여인은 바쁜 중에도 자리 두 석을 잡아서 넘겨주며 여기 앉으세요 한다. 그녀가 자리를 양보하고 다른 곳으로 이동해 정말 고마웠다. 김포공항역에서 하차하며 "잘 다녀오세요," 하고, 손을 흔들어 친절히 인사한다.

인천공항 열차를 갈아타고 19시 10분경에 종착역에 도착했다. 커트를 빌려 가방 2개를 얹고서 다리 아픈 아내가 가방 위에 올라앉았다. 1층에서 엘리베이터를 타고서 3층에 올라갔다.

여행객 집합장소 M 카운터로 가는 도중에 여행에 필요한 물건을 샀다. 그리고 통신사 SKT 스마트 폰 로밍과 인터넷, 데이터 차단 업무를 협조했다.

항공권 티켓 발급과 동시에 가방을 부치고 면세점 지역으로 들어와 소니 레 시바 2세트를 샀다. 집에 보관하고 있는 레 시바를 미리 챙기지 못해 좀 아쉬웠다.

환상적인 사고에 젖어 이번 여행이 필자에게 또 하나 새로운 세계를 여는 설렘으로 다가온다. 인천공항에서 23시 55분에 이륙하는 에미레이트 항공 EK 323 A380 비행기에 탑승했다. 승무원 포함 500석 규모의 대형 비행기이다. 혼잡한 선내에 파고들어 지정석에 앉았다. 그 큰 비행기 좌석이 승객들로 금 새 꽉 찼다.

여러 나라와의 시차를 알아보기로 했다. 두바이 5시간, 스페인 7시간, 포르투갈, 모로코가 8시간 한국보다 늦게 간다. 요사이 그곳 기후는 두바이 섭씨 35~40도, 스페인 섭씨 27~30도, 포르투갈 섭씨 25~29도, 모로코 섭씨 29~30도 정도로 무더운 날씨가 이어지며 국가마다 온도 차가 심하다고 한다.

밤늦게 비행기에 탑승해서 컴퓨터를 잠깐 들여다보고 편안한 자세로 쉬며 잠이 들었다. 새벽에 창문을 열어 보았다. 저 아래 찬란하게 붉은 태양이 솟구치는 광경을 바라보고서 우주의 신비감에 깊이 젖어 든다. 비행기 밑에서 펼쳐지는 새하얀 구름이 너무나 황홀하게 다가온다. '우주는 참으로 아름다워.'하며 느낀 감정을 자신도 모르게 중얼거린다.

이른 아침이라 좁은 통로에 오가는 승객이 보인다.

조금 시간이 지나 음식배달 카트가 다가온다. 음료수로 오렌지 주스와 Red Wine을, 필자는 좋아하는 생선구이를 아내는 비프스테이크를 주문했다. 여러 야채를 섞은 샐러드는 신선한 맛을 깨운다.

식사하며 잠시 컴퓨터를 들여다보았다. 이제 조금 있으면 스페인 상공에 진입한다고 알린다. 창밖 저 아래 새하얀 뭉게구름 사이 새털구름이 스쳐 지나간다.

지상 가까이 저공 비행하며 순항한다. 컴퓨터 화면에 활주로가 보인다. 비행기는 활주로에 덜커덩하며 삽뿐이 내려앉는다.

장시간 탑승한 비행기는 바르셀로나 국제공항에 무사히 도착했다. 우리 여행객은 공황 주위 시설과 이국의 정취를 둘러보며 에

스컬레이터를 타고서 짐 찾는 화물터미널로 가고 있다. 입국 수속을 마치고 청사 밖으로 나왔다. 출구 앞에서 현지 가이드가 환영 푯말을 들고서 우리를 반긴다.

II. 태양, 정열의 나라, 스페인 왕국
(Spain, Kingdom of Spain)

두바이 국제공항을 출발해 스페인 바르셀로나 국제공항까지 대략 8시간 소요된다.

한국과 시차는 7시간 늦게 간다. 바르셀로나는 1992년 올림픽 개최지로서 우리나라 "몬주익의 영웅" 황영조 마라톤 선수의 우승을 기리는 장소이기도 하다. 공항에서 대기하고 있는 버스에 올라 이동 후 모 호텔(Hotel Porta De Gallecs)에 여장을 풀었다. 오늘 저녁은 휴식을 취하고 명일부터 스페인 관광에 들어가기로 했다.

스페인 지도

공식 명칭은 스페인 왕국 (Kingdom of Spain)이며, 스페인어식 표기는 에스파냐 왕국(Reino de España)이다.

면적은 505,370㎢(남한의 5배)이고, 전체 인구는 4,800만여 명이다.

수도는 마드리드이고, 인구 650만여 명이 살고 있다.

민족은 이베로 족이며, 언어는 스페인어를 쓴다.

종교는 로마가톨릭교 94%, 기타종교 6%를 구성하고 있다.

위치는 유럽 서남부 이베리아반도 대부분을 차지하고 있다. 동남쪽과 남쪽은 지중해 연안에 접해 있고, 북쪽은 대서양, 서쪽은 포르트갈과 경계를 이루고 남쪽은 지중해 사이 아프리카 북단 모로코와 마주 보고 있다.

화폐단위는 유로(Euro)화이다. 나라꽃은 카네이션(Carnation)이다.

기후는 북서부 대서양 연안은 온난한 해양성 기후로 비가 많다. 중부 고원지대와 남서부 지방은 대륙성 건조한 기후이며, 남동부 연안은 전형적인 지중해성 기후로 일 년 내내 온난하다.

정치, 의회 형태는 입헌군주제이며 동시에 의원내각제, 양원제이다.

유럽 12개국이 1985년 룩셈부르크 센겐조약(Schengen Agreement)체결로 유럽 내 자유롭게 이동하는 국경 통행 자유화 협약이다. 그 조약에 의해서 필자가 2012년경 동유럽 여행 시 편리하게 여행할 수가 있어 좋았다.

국기는 황금색 위 국가문장의 상징 표식이며, 넓은 황색은 국토를 나타내고, 적색은 국토를 수호하는 피를 상징한다.

1. 역사적 배경

　선사시대 이래 기원전 1만 5천여 년경에 말타미라 동굴벽화에 구석기 시대 크로마뇽인이 등장한다. 기원전 2천 년 경에 타르데스족에 의해 청동기 문화가 출현한다. 기원전 10세기경에 이베리아반도에 켈트족이 들어와 살았다. 기원전 8세기경에 북아프리카 지중해 연안 페니키아인과 그리스인이 이주해와 정착하며 이때 각종 물자 올리브, 포도나무, 향수, 보석, 철을 전래한다. 기원전 6세기경에는 카르타고에 점령당해 지배를 받다가 2세기부터 약 6백여 년간 로마제국의 지배를 받는 동안 엄청난 속도로 물질문명이 발전한다. 도시 곳곳에 도로, 수로, 원형극장이 생기고 가톨릭교의 역사가 이때 전파된다.

　4세기경 서고트족이 침입해 들어와 왕국을 건설한다, 뒤이어 게르만 민족이 북쪽에서 이베리아반도에 밀고 들어와 서코드족을 몰아내고 똘레도를 수도로 건설한다.

　8세기 초 북아프리카 무어인의 이슬람 옴미아드 왕조는 이베리아반도에 침공해 점령한다. 그 이후 이슬람 지배 시기는 16세기까지 무려 8백여 년 동안 이어진다.

　만약에 이베리아반도에 피레네산맥(해발 3,000m 이상)이 없었다면 이슬람 왕국은 프랑스를 넘어 서유럽 전체로 침공해 들어갔을지도 모른다. 한때 막강한 이슬람 세력은 피레네산맥을 넘어 프랑크 왕국에 물밀 듯 쳐들어갔다. 732년 침공한 이슬람제국과 서구 가톨릭 왕국이 뭉친 연합군은 프랑스 중부 지방인 푸아티 일대에서 치열한 전투가 벌어져 이슬람제국은 이 전쟁에서 패퇴해 더 진출 못 하고 이베리아반도에 머문다.

1469년 카스티야 이사벨 1세 여왕과 아라곤 페르난도 2세와 혼인해 강력한 가톨릭 왕국이 탄생한다. 그 이후 실지 회복을 위한 레콘키스타 국토회복운동이 일어나 당시 무어인의 마지막 왕국인 그라나다 이슬람제국을 무너트리고 이베리아반도를 차지한다.

이 시기에 가톨릭 군주들은 타 종교인 유대교, 이슬람교를 개종시키고 미전향한 타 종교인을 종교재판에 회부하여 처형시킨다.

1492년 이사벨 1세 여왕은 크리스토퍼 콜럼버스가 대서양을 통해 새로운 항로와 신대륙을 발견하도록 재정적인 지원을 한다. 그는 8월에 출항해 10월에 중남미 쿠바에 도착한다. 그 이후 3차례나 항해해 중앙아메리카를 발견해 새로운 대항해시대를 연다. 콜럼버스가 1506년 죽을 때까지 이곳이 아시아의 인도라고 믿고 있었다.

신대륙 발견은 유럽제국 입장에서 보는 견해이다. 수만 년에서 수천 년 전에 이미 바이킹족이 그린란드를 넘어 북미에 진출한 사실이 있다고 전한다, 만주 시베리아 벌판에 널려 살던 북방민족이 알래스카 베링해협을 넘어 북남미로 진출해 인디오의 후손으로 마야, 잉카제국을 건설했다는 설도 있다. 태평양 제도에 마오리족을 포함한 여러 종족이 이미 살고 있었다는 역사적 사실을 참고

해야 한다.

 1520년 이후부터 유럽의 제국은 해외식민지를 개척하기 시작한다. 1521년 스페인 에르난 코로테스는 중앙아메리카 멕시코 중부 유카다반도에 있는 아즈텍 제국(황제 몬테스 마 2세)을 정복하고. 중앙아메리카 중심에 있는 마야제국(멕시코와 콰테말라)을 잇따라 정복한다. 1533년 스페인 프란시스코 피사로는 남아메리카 잉카제국(페루 중심, 칠레, 황제 아마루, 수도 쿠스고 인구 20만 명 거주, 총인구 700만여 명)을 멸망시킨다. 여러 제국이 유물로 보관하고 있는 금은보화, 귀중품. 특산물, 천연자원을 탈취해 간다.

 1556년경 문화예술의 전성기를 맞이한 스페인은 카롤루스 아들 펠리페 2세가 왕위에 오르자 국력이 절정기에 달한다. 그 무렵 똘레도에서 수도를 마드리드로 옮긴다. 그 당시 대문호 세르반테스와 화가 엘, 그레코, 벨라스케스를 배출하는 전성기를 맞이한다.

 스페인의 펠리페 2세는 레바토 해전에서 투르크를 격파하고 그 여세를 몰아 지중해 패권을 확보한다. 그 세력이 최고 절정을 이뤘을 때 신대륙을 발견해 더욱 국력이 융성 발전한다. 그 이후 막강한 힘을 이용해 대서양을 넘어 해외식민지를 개척해 대 해양제국을 건설한다. 당대에 막강한 국력을 보유한 스페인 펠리페 2세는 유럽 통일의 꿈을 꾸었으나 가장 큰 걸림돌은 영국이었다. 그는 영국 엘리자베스 1세 여왕을 배우자로 맞이하려고 청혼한다.

여왕으로부터 일언지하에 거절당한 펠리페 2세는 심히 자존심이 구겨졌다.

영국조정에 자국 선박을 수시로 해적질하는 드레이크 처형을 요구했으나 또 거절당한다. 심기가 불편한 페리페 2세는 영국을 굴복시키려 기회를 엿보다가 선전포고한다. 영국의 엘리자베스 1세 여왕은 미리 해적 드레이크에게 국가의 명운을 건 일대 해전을 준비시킨다.

스페인 아르마다 무적함대의 전술은 대형선박에 대포로 포격을 가한 후 신속히 접근해 갈고리로 배를 잡아당겨 적의 선박에 기어올라 근접전투하는 방식이다. 그러나 영국은 소형선박에 장거리 포를 장착해서 포사격에 치고 빠지는 게릴라 해전을 구사했다. 영국 선박은 때마침 불어오는 바람을 등지고 싸웠다.

1588년 스페인 무적함대가 도버해협에 진입해 일전을 준비하던 중에 태풍과 해적 드레이크의 소형 선박 게릴라전에 참패를 당하며 급속히 무너져 국력이 쇠락의 길로 접어든다. 그로부터 제해권이 영국으로 넘어가 세계 식민지 개척사에 지대한 영향을 미친다. 그 이후 영국은 해가 지지 않은 대영제국을 건설해 세계를 호령한다.

대항해시대의 유럽은 스페인, 포르투갈, 네덜란드, 영국, 프랑스 등이 16세기부터 18세기까지 남미와 아프리카 식민지 확보를 위해 쟁탈전이 벌어 잔다.

스페인이 점령한 아메리카 원주민은 유럽에서 건너온 천연두와 원주민이 퍼트리는 매독에 대한 면역력이 없어 많은 사람이 질병에 걸려 죽어 나갔다. 그에 따른 쿠바, 히스파니올라섬에 노동력 부족이 심각해서 대서양 노예무역에 뛰어 든다.

유럽의 식민지 원주민은 해외에서 자국의 부족한 병력을 보충해 전쟁에 투입하는 경우가 많았다. 그 예로 프랑스는 식민지 세네갈 출신 원주민을 프랑스군에 강제로 입대시켜 아프리카 다호메이 왕국과의 전쟁에 투입해 승리한다. 또 아프리카 흑인을 노예 사냥을 통해서 남북 아메리카에 부족 인력을 공급하기도 했다.

스페인은 16세기부터 19세기까지 한때 전 세계의 패권을 이룩한 역사상 대제국을 이뤘다.

그 영토는 유럽, 아메리카, 아프리카, 아시아, 오세아니아에까지 식민지를 넓혔다.

중앙아메리카 멕시코를 비롯한 카리브 제도, 남아메리카 아스텍과 잉카제국, 아시아에서는 괌, 필리핀과 주변 섬을 식민지화했다.

스페인의 황금시대에는 남북 아메리카(브라질 제외 포르투갈점령)의 거대한 영토와 유럽의 네덜란드, 룩셈부르크, 벨기에, 이탈리아의 대부분, 독일 일부, 프랑스 일부, 아프리카와 아시아, 오세아니아의 영토 일부를 한때 차지하고 있었다.

대규모 해외식민지를 개척한 스페인은 해외로부터 착취한 금은보화가 들어와 일부 왕족과 귀족의 사치한 생활로 번영을 누렸다.

그러나 1808년 프랑스 나폴레옹이 스페인을 점령하면서 아메리카 식민지의 대부분을 잃는다, 동시에 1810년에서 1825년까지 중앙, 남아메리카에서 독립운동이 일어나 신생 독립국이 탄생한다.

1830년대에 들어와서는 쿠바, 푸에르토리코, 필리핀, 동인도 제도만 보존했으나 미국과 스페인 전쟁으로 괌, 필리핀은 미국에 넘겨준다. 1899년 태평양에 남은 섬들은 독일에 매각한다. 그 이후 아프리카 서사하라와 적도기니가 1968년 10월 독립이전까지는 스페인의 식민지이었다. 스페인은 19세기경에 들어서는 나폴레옹군의 침입과 중남미 식민제국의 독립으로 급속히 몰락의 길을 밟는다. 수 세기 동안 거대한 식민지를 거닐던 스페인의 영광은 서서히 막을 내려 역사의 뒤안길로 사라진다.

식민지(Colony)란 어원은 라틴어의 '콜로니아'로부터 출발한다. 종전에 거주하던 땅에서 새로운 곳으로 이주해 삶을 영위하는 것으로서 강대국에 지배와 종속의 위치에 있는 지역을 가르친다. 주로 15세기 대항해시대 지배국과 종주국으로 구분된다. 식민지의 정치, 경제, 사회는 지배국의 총독에 의한 행정, 입법, 사법 등 삼권을 집행하며 지배한다.

2. 자연환경과 산업발달

오랜 역사를 지닌 서구 열강 중에 스페인이 위치하고 있는 이베리아반도는 예로부터 북에서 밀고 내려오는 야만적이고 거친 게르만 민족, 동쪽에서는 강대한 로마 세력이 번쳐 들어오고, 남에서는 아프리카 무어인이 들어와 수 세기 동안 번갈아 지배하면서 주인이 바뀌었다. 그런 관계로 스페인은 향토문화와 이민족 문화가 한데 어울려 독자적이고 독특한 문화예술이 꽃피울 수가 있었다.

어느 분야에서는 서구보다 더 발달했던 이슬람 문명 덕분에 여러 산업에 많은 발전을 일궜다. 그 무렵 스페인을 비롯한 포르투갈, 모로코 등 남유럽지역은 세월이 흐르면서 고유한 옛 문화에 이슬람문화가 뒤섞여 새로운 문화를 잉태하며 스며들기 시작한다. 그 대표적인 실 '예'가 무데하르 양식의 건축법, 공예 등이 전래하여 이슬람 문명의 흔적은 지금도 서민 생활에 깊숙이 파고들어 있다.

농업의 선진화된 관개시설을 이용한 농업기법, 목화, 사탕수수 등의 새로운 농작물이 전래되고. 수학, 과학, 건축, 장식예술 등 이슬람 과학, 문명의 영향을 받아 크게 발전한다.

더불어 지역 간에 물물교환, 교역이 활발해 그 당시 코르도바, 세비야는 전통시장이자 수출항으로서 크게 번성한다. 장구한 기간 이슬람 세력의 지배는 인종적으로도 많은 혼혈을 가능하게 해서 새로운 다종의 인류를 생성하는 계기를 마련한다. 유난히 구릿빛 짙은 피부색, 검은 머리, 쌍꺼풀이 깊게 파인 눈 등은 아랍 계통의 인상이 곳곳에 스며들어 있다.

스페인은 대부분 영토가 이베리아반도에 있다. 이외 지역으로 지중해와 대서양의 제도, 두 개의 자치지구 세우타, 멜리야가 있다. 세우타와 멜리야는 아프리카 대륙에 있는 스페인령이다. 모로코와 인접한 지중해 지브롤터 해협의 중요 항구인 지브롤터는 특이하게도 영국령에 속한다.

영토의 35%가 산이고 평균 해발 660m로 유럽에서 스위스 다음으로 산이 많다.

북부에는 피레네산맥, 대서양 연안에는 칸타브리아산맥, 남부에는 네바다 산맥, 중앙 지대는 메세타 고원이 있다. 과달키비르 강을 비롯해 여러 개의 큰 강이 주요 산맥, 평야를 끼고 흐르고 있다.

남부 안달루시아 지방은 토지가 비옥해 예부터 포도, 오렌지, 올리브를 재배한다. 오랜 기간 동안 이슬람의 지배를 받아 아랍 문화의 색채가 각 분야에 스며들어 있다.

스페인의 주요 산업은 지역별로 거점을 이뤄 특화된 산업으로 발전하고 있다. 수도 마드리드는 대도시 인구를 중심으로 소비 위주의 서비스업이 발달했다.

제2의 도시 바르셀로나는 자동차, 전자, 섬유, 화학, 의류, 제약업이 발달하고. 북부 바스크 지방은 공작기계, 공구류, 철강, 금속가공 산업이 발전했다.

제3의 도시 발렌시아는 가구, 조명기기, 홈 텍스타일 등 산업이 발달하여 분업을 이루고 있다. 국제적 수준의 대규모 산업으로는 통신업, 금융업, 건설업, 자동차 산업, 신재생에너지 산업으로 풍력, 태양광, 바이오매스, 공장 플랜트, 엔지니어링 산업, IT 산업이 발달했다. 년 간 자국 인구보다 더 많은 6천5백만여 명이 해외로부터 밀려 들어와 부를 창출하고 있다.

　1955년 유엔에 가입하고. 유럽연합 및 북대서양조약기구(NATO) 회원국이다.

　유럽연합에 가입한 스페인은 산업이 고루 발전하던 중에 세계 금융위기, 재정위기로 한때 어려움을 겪었으나 근세 들어 많이 회복되어 좋아지고 있다.

3. 스페인 근대화의 역사적인 인물

　스페인을 근대화하는데 역사와 문화예술의 한 페이지를 장식한 주요한 인물이 많다.
- 이사벨 1세, 여왕(1451~1504)은 스페인왕국을 탄생시킨 공적이 크다. 페르난도 2세와 결혼해 카스티야 아라곤 연합국을 탄생시킨 이사벨 1세 여왕은 이베리아반도에 남아 있던 그라나다 이슬람 세력을 몰아내는데 혁혁한 공적을 이뤄 황금기를 이끈다.
- 크리스토퍼 콜럼버스(1450~1506)는 스페인 이사벨 여왕의 재정적인 후원으로 아메리카 신대륙을 발견(서인도 제도)하여 대항해시대와 해외식민지 개척시대를 연다. 그는 죽을 때까지 서인도 제도를 인도로 착각하고 여생을 마감한다. 이탈리아에서 출생했으나 주로 스페인에서 활동했다.
- 미겔 데 세르반테스(1547~1616)는 유럽 최초 근대소설 창시자이며. 그는 시인, 극작가, 소설가이다. 근대소설로 평가받는 돈키

호테를 1605년에 저술한 스페인의 대문호이다.
- 프란시스코 고야(1746~1828)는 스페인의 대표적인 낭만주의 화가이며, 근대 회화의 창시자이다. 왕실의 초상화뿐만 아니라 역사적인 사건과 전쟁 상황을 표현한 위대한 그림을 남겼다.
- 안토니 가우디(1852~1926)는 스페인이 낳은 천재적인 건축가이다. 그의 유명한 작품은 '카사 밀라 복합형 건물, 카사 바트요, 구엘 공원, 사그라다 파밀리아 성당' 등 대부분이 바르셀로나에 남아 있고, 유네스코 세계문화유산으로 등재되어 있다.
- 파블로 피카소(1881~1973)는 현대 미술의 거장으로 불린다. 20세기 이후 현대 미술의 천재로 왕성한 작품 활동으로 다량의 미술품을 남겨 놓았다. 그는 스페인 말라카 출신이다.

작품 활동은 주로 프랑스에서 했다.
- 호안 미로(1893~1983)는 스페인 바르셀로나 출신으로 화가, 조각가, 도예가이다. 스페인의 대표 화가로 야수주의, 입체주의, 초현실주의 영향을 받아 독창적인 미술 세계를 구축했다.

4. 스페인 제2의 도시, 바르셀로나(Barcelona)

바르셀로나는 로마 시대에서 중세에 이르기까지 지중해 무역의 중심지로 번영을 누렸던 스페인 북동부 카탈루냐의 주도이다. 바르셀로나는 화려한 문화의 꽃을 피웠던 스페인의 제2 도시이다. 인구는 170만여 명이 사는 지중해 연안의 최대 항만이며 공업 도시이다.

여기는 피레네산맥이 남·동쪽으로 뻗어있다. 지중해 연안으로서 평야가 넓고 기름져 오렌지·, 올리브, 포도를 주로 재배한다.

인구 많은 도시 주위에 기계, 자동차산업을 비롯한 화학, 석유산업이 발달해 있다. 구시가지 외곽에는 옛 로마의 성터를 비롯한 고색 찬란한 고택, 사원 등 유적이 즐비하다.

우리 일행은 인접에 있는 구엘 공원을 관광하기로 했다. 바르셀로나 북쪽 언덕 위에 있는 구엘 공원은 가우디가 20세기 초에 조성한 유명한 공원이다.

구엘 공원의 안내도를 살펴보면 뒤에는 산이 받쳐주고 한가운데는 경사진 비탈에 넓은 토지가 자리 잡고 있다. 여러 방향으로 크고 작은 도로가 나 있어 내부를 돌며 공원을 즐길 수 있다. 좌우로 구릉진 산줄기가 포근히 감싸고 정면은 저 멀리 바르셀로나 시가지와 짙은 코발트색 지중해가 드넓게 펼쳐지는 아름다운 명소이다.

이러한 고즈넉한 언덕에 가우디 특유의 형형색색 모자이크로 장식한 건물과 자연이 한데 어우러져 초현실적이고 신비로운 분위기를 연출하는 아름다운 예술의 마을을 만들기로 했다. 과자의 집처럼 생긴 건물이나 반쯤 기울어져 어딘가 좀 불안해 보이는 인공석굴 회랑에서부터 이어진 꾸불꾸불한 산길을 타고서 내려오면 주위 풍광이 마치 동화 속에 등장하는 모습 같아 방금 요정이라도 만날 것 같은 기분이 든다. 바르셀로나 교외 언덕에 있는 구엘 공원은 원래는 이상적인 전원도시를 만들 목적으로 설계한 곳이다. 가우디의 경제적 후원자 구엘 백작이 평소 동경하던 영국의 전원도시를 모델로 구상했다. 구엘 백작과 가우디는 이곳에 60호 이상의 전원주택을 지어서 스페인의 부유층에게 분양한다는 꿈을 갖고서 사업을 시작했다. 구엘 백작과 가우디의 계획은 당시에 이상을 추구한 초 혁신적인 발상이었다. 자연환경을 이용한 좋은 위치에 건물을 지어 부자들에게 분양하려 했으나 현실 생활에 동떨어진 너무 예술적으로 가미한 이상향의 마을은 평범한 일반 서민은 정서적으로 선 듯 받아들이기가 어려운 주거 환경이었다.

짙은 코발트색 지중해가 내려다보이는 바르셀로나 시가지 전경

  그 이유는 여러 가지가 있다,

  가우디는 돌이 많은 경사지에 자연스러운 지형을 최대로 살리기 위해서 땅을 고르는 것도 반대했다. 또 실제 생활에 맞지 않는 건물구조, 자연환경이 작업에 어려움이 따랐다. 그렇게 세밀한 계획을 세워 기반을 조성하고 건물을 짓는데 14년이라는 긴 세월을

공들였지만, 분양 실패로 자금난까지 겹치면서 몇 개의 건물과 광장, 특이한 벤치 등을 그대로 남겨둔 채 미완성의 작품으로 끝나고 말았다.

1922년 바르셀로나 시의회는 골칫거리로 남아 있는 미완의 공원을 재활용하는 방안을 지속해서 연구 검토하고 논의한 끝에 놀리는 땅을 사들이기로 결의했다.

다음 해부터 시영공원으로 탈바꿈시키는데, 점차 부분적으로 성공했다. 그런 관계로 가우디가 처음 구상했던 꿈의 동산은 끝내 물거품이 되었다. 그러나 공원의 모습은 여전히 스페인이 낳은 천재 건축가 가우디의 예술성이 살아 숨 쉬는 가장 훌륭한 작품 중의 하나로 남아 있다.

오늘날 이곳을 찾는 수많은 시민은 힐링하는 안식처며 사랑받는 쉼터로 자리매김하고 있다. 소수 부유층의 전원마을보다는 시민의 휴식처가 되어서 오히려 그 생명력과 효용성 면에서는 더 많은 성과를 얻었는지도 모른다.

공원을 재설계 구축하는 과정에서 가우디 건축 스타일은 돋보이게 하고 독특한 면모를 유감없이 보여 주도록 최선을 다해서 작업했다. 직선이 아닌 곡선을 위주로 한 건물들, 어디서나 시선을 잡아끄는 화려하고 독특한 타일로 화려하게 모자이크 화한 다양한 장식은 새로운 예술의 경지로 안내한다.

건물 자체가 뭔가 불안정하고 위태롭게 기울어져 있는 나선형의 층계부터, 부서지고 깨진 도자기 조각을 이어 붙인 불안정 속에 안정을 찾는 사치스러운 면모를 보여 주는 묘한 기분과 조화를 느끼게 하고 있다.

 자연을 최대로 살린 꾸불꾸불한 오솔길과 수많은 조각돌로 이어붙인 버섯처럼 돌출한 기둥의 인공석굴과 돌로 쌓은 꽃바구니를 이은 여인 조각상, 울창한 수목으로 공원화한 동산은 어느 것 하나 '가우디답지' 않은 것이 없을 정도로 독특한 풍경으로 다가온다.

노점상 단속 경찰이 뜨자 전시했던 물품을 급히 싸서 피신하는 장면

 수많은 관광객이 발 디딜 틈도 없을 정도로 밀려드는 주도로를 따라서 관광객을 상대로 임시 좌판대를 깔고 선 그라스를 비롯한 여러 가지 추억의 기념품을 전시해 놓고 팔고 있었다.

 노점상은 오토바이 단속 경찰의 갑작스러운 기습으로 자리에 펼쳐 놓았던 물건을 급히 보자기에 쌓아서 서둘러 피신한다. 이런 광경을 멀리서 바라보고 있던 필자는

 '세상은 동서양 어디를 가나, 어려운 삶의 현장은 대동소이하다.'

라고 혼자서 중얼거린다. 공원 입구에는 경비의 거처와 관리실로 쓰려고 했던 두 개의 건물이 특이한 분위기를 연출한다. 3층 높이에 조각돌을 이어붙인 흙색 건물 벽면에 창문을 길게 늘어트려 불규칙적으로 여러 개이어 붙이고, 지붕은 울퉁불퉁한 흰색에 청색 반점 조각을 입힌 색다른 지붕이다. 갈색과 흰색이 어우러져서 기묘한 분위기를 연출하는 건물은 동화에 나오는 난쟁이 집을 연상시킨다. 독특한 흰색과 파란색의 지붕에 뾰족이 솟아 왕관처럼 둥근 기둥에서 찬란하게 빛나는 첨탑 십자가의 신비로운 모습이 낭만적인 분위기를 연출한다.

넓지도 좁지도 않은 아기자기한 시설은 앙증맞다는 표현이 어울린다. 평소 그리스 로마 신화에 관심이 많았던 구엘 백작의 요청으로 지었다는 웅장한 신전 건물은 기둥이 천장까지 길게 솟아 있는 도리아식 건물의 특징을 잘 나타내고 있다. 곡선으로 이어진 천장에 화려한 타일 조각이 반짝이고, 광장으로 이어지는 경사진 길은 가우디의 독창성을 다시 한 번 보여준다.

다채로운 장식으로 환상적인 분위기를 발하는 청색, 흰색, 황색으로 치장한 모자이크 화한 도롱뇽과 뿔이 달린 뱀 머리 조각상은 독특한 예술적인 발상이다.

이 조각상을 만지면 행운이 온다는 전설에 누구나 호기심이 발동한다. 공원의 명물인 아름다움과 효율성을 배합한 모자이크 벤치는 앉아 있기만 해도 편안한 느낌을 주어 사람들의 발길이 끊이지 않는다.

다채로운 장식으로 환상적인 분위기 연출

울창하게 수목으로 둘러싼 공원 한편 조용한 건물에 가우디가 잠시 살았다고 전한다. 지금은 기념박물관으로 평소 즐겨 쓰던 책상, 집기, 침대 등 갖가지 유품이 전시되어 있다. 가우디가 직접 디자인한 독특한 모양의 가구들이 유난히 눈길을 끈다.

공원 입장료는 무료지만 이 기념박물관만큼은 입장료를 내야 한다.

사그라다 파밀리아 성당과 함께 바르셀로나를 여행하는 관광객은 모두가 둘러보는 이름난 장소로서 유네스코 세계문화유산으로 등록된 구엘 공원은 가우디의 작품 중 가장 색상이 화려한 예술성을 보여 주고 있다고 전한다.

다음 방문 장소는 성 가족 성당(La Sagrada Familia, 1882~1926)이다.

우리 일행은 사그라다 파밀리아 거리를 따라서 접근하고 있다.

저 멀리 크레인이 하늘에 걸려 있고 곳곳에 쌓아놓은 흙더미에 시끄러운 드릴 소리는 아직도 건축 중이라는 공사 현장의 면모를 보여주고 있다. 사그라다 파밀리아 대성당, 일명 성 가족 성당의 모습은 현재 미완의 건물이지만 필자의 눈에는 웅장한 모습으로 반가이 맞이한다.

한참 공사 중인 성 가족 성당(La Sagrada Familia)

하늘로 우뚝 솟은 원통형 기둥에 작은 구멍이 수없이 뚫린 옥수수처럼 뾰족이 머리를 들고 서 있다. 바르셀로나를 상징하는 건축물로서 성당 주위에는 각처에서 몰려온 수많은 관광객으로 인산인해를 이룬다. 우리는 여러 여행자 틈새를 이용해 성당을 배경 삼아 추억의 기념사진을 담았다.

사그라다 파밀리아 대성당은 높이도 어마어마하지만 규모 면에서 체코 프라하 성 비트 성당, 프랑스 파리 노트르담 성당보다 엄청나게 크고 다른 성당 외관과 확연히 다른 모습의 건축물로 다가와 모든 이의 시선을 사로잡는다.

 1882년 프란시스코 데 폴라 델 빌라르가 고딕 양식의 성당으로 건축계획을 세워 공사를 시작했다고 전한다. 그러나 다음 해 1883년 당시 31세였던 젊은 건축가 가우디가 인수하여 대폭 수정 재설계해서 공사하던 중에 1926년 전차에 치여 사망할 때까지 40여 년 동안 근 반평생을 정성 들여 바친 미완의 작품이다.

 스페인이 자랑하는 천재 건축가 안토니오 가우디가 설계해 짓고 있는 일명 '가우디 성당'은 착공한지 137년이 지나서 바르셀로나 시청으로부터 2019년 6월 7일 건축허가가 났다.

 그 사실을 AP, BBC 등 저명한 통신사가 세상에 알려 왔다.

 네오고딕 양식으로 지어지는 이 성당은 바르셀로나의 대표적인 건축물이다. 매년 수백만여 명의 관광객과 건축 및 종교 관련 종사자들이 끊임없이 찾아온다. 비록 건축 중인 건물일지라도 가우디의 최고 걸작으로 손꼽힌다. 이 엄청난 규모와 아름다운 곡선과 섬세함이 조각을 이른 내부까지 세세하게 파고들어 인상적이다. 그래서 '신이 머물 지상의 유일한 휴식 공간'이라는 찬사가 쏟아진다. 가우디는 고딕 양식에 새로운 스타일의 생명력을 불어넣고 싶어 했다. 형식주의적인 건축물 기준이 절정을 이루던 표준화된 시대에서 탈피해 여태껏 누구도 상상하지 못한 '사람의 성당'이라는 친화적이며 독창적인 건물구조를 구상해 이슬람 건축양식인 무데하르기법을 가미한 독특하고 색다른 방법으로 실행에 옮겼다. 그는 크게 3개의 파사드로 구성했다. 주 출입구 정면에 '그리스도의 탄생', '그리스도의 수난', '그리스도의 영광'을 구분해서 표현했다.

3개의 피사드

수많은 관광객이 주 출입구 앞 위에 여러 형태의 조각상을 돌아가며 파사드를 구경하고 있다. 위로 올라가는 기둥 주위에 철망을 쳐서 안전사고에 대비하는 세세함도 돋보이고 있다.

그리고 각 3개의 파사드에는 각각 4개의 첨탑을 세워 총 12개의 종탑을 세웠다. 첨탑 12개는 열두 제자를 의미한단다. 첨탑은 4대 복음서의 저자(마태오, 마르코, 루가, 요한)를 표현하고 있다. 여기에 예수와 성모 마리아에게 바치는 중앙탑 6개를 추가해 모두 18개의 첨탑을 세웠다. 예수 그리스도를 상징하는 중앙의 종탑은 그 높이가 약 170m에 이른다고 한다.

성당 내부는 햇빛이 들어오는 스테인드글라스로 설계해 밝게 비춘다. 동쪽의 녹색과 파란 스테인드글라스는 희망, 탄생을 서쪽의 노랗고 붉은 스테인드글라스는 죽음, 순교를 의미한단다. 실내가 밝고 환해서 좋았다. 성당 내 드높은 천장 곳곳에 조명과 밖에서 스테인드글라스를 통해서 들어오는 연한 햇살이 한데 어울려 은은히 비춰서 신비한 분위기를 풍기고 있다.

성당 내 조명시설

실내에 의자가 놓여 있어 편히 쉬면서 주위를 둘러볼 수 있어 좋았다.

가우디가 생전에 완성한 것은 지하 성당(Crypt)과 예수의 탄생을 경축하는 '그리스도의 탄생'이라는 파사드 뿐이었다. 지하 성당은 뷔야르의 설계를 바탕으로 한 고딕 양식이지만, '그리스도의 탄생'의 정면 장식은 자연주의적인 조각으로 장식되어 있다. 지하에는 성가족교회의 건설 초기 사진과 기록물, 설계과정의 모형도 등 다양한 작업물을 전시하고 있다.

성모 마리아상 아래 지하에 가우디의 무덤이 안치되어 있다. 그가 세상을 떠난 후 잠시 공사가 중단되었다가 다시 시작되었다. 1936년 스페인 내전 당시 화재로 설계도, 자료가 모두 소실되었으나 1952년에 재개되었다. '그리스도의 수난'이라는 파사드가 1990년 카탈루냐 조각가 요셉 마리아 수비락스에 의해 완성되었다. 그동안 주요 사건마다 우여곡절로 지지부진했던 건축공사가 2010년에 들어서 비로소 활기를 띠기 시작한다. '그리스도의 영광' 파사드, 4대 복음서의 저자를 표현한 첨탑, 예수와 성모 마리아의 첨탑 2개는 그의 사후 100주년에 맞춰 2026년에 완성할 예정이라고 한다. 성당의 건설은 오랜 세월을 거쳐서 천천히 진행하고 있다.

가우디는 세상을 떠나기 전에 "이 작품의 주인인 하느님이 서두르지 않기 때문이다"라는 유훈을 남겼다고 한다. 성당 내부는 기하학적인 설계와 화려한 장식이 덧붙어 감탄사를 자아낼 정도로 우아하고 신비함을 보여주고 있다. 성 가족 교회의 건설 초기에는 후원금으로 지었다. 지금은 관광객의 입장료에서 얻은 수익금으로 건설비용을 충당하고 있다. 엘리베이터를 타고 꼭대기까지 올라가면 바르셀로나 시내가 한눈에 들어온다. 내려올 때는 마치 달팽이관처럼 생긴 나선형 계단을 따라 내려온다.

우리 일행은 한참 건설 중인 사그라다 패밀리아 성당을 뒤로 한 채 인접 거리에 위치한 까사 밀라(Casa Mila) 복합형 건물을 둘러보았다. 가우디 건축물의 최고봉인 까사 밀라는 현대적인 감각을 주제로 디자인해서 석회암과 철을 이용해 부드러운 곡선을 줘 외관이 독특하게 예술적이며 독창적인 설계로 지었다. 돌로 외관을 계단처럼 마감한 건물로 자연미가 묻어나는 가우디 작품이라고 한다.

가우디 건축물의 최고봉인
까사 밀라(Casa Mila) 복합형 건물

그리고 까달루냐 광장 북쪽에 있는 그라시아 거리에 있는 까사 바뜨요(Casa Batilo) 건물은 가우디의 아트의 종합체로 바다를 주제로 디자인해 도자기 타일과 유리 모자이크로 채색과 장식으로 해골을 연상시키는 외관 때문에 동화 속 분위기를 띄운다. 2005년 유네스코 세계문화유산에 등재된 건물이다. 도로를 따라서 걸으며 고색 찬란한 여러 형태의 건물을 둘러보았다.

시가지의 풍경을 구경하며 해안가 쪽으로 이동하고 있다. 여기 바르셀로네타 해변으로 부르는 바닷가 도로에는 최신형 건물이 들어섰다. 그 도로를 따라서 조금 나아가면 코발트색의 지중해 연안 모래밭에는 수영복 비키니를 입은 풍만한 여인, 젊은 연인, 동료, 가족끼리 모여 앉아 정담을 나누거나 해안가를 거닐고 모래밭에 누워 선탠을 하고 있다.

해수욕으로 붐비는 해안가 도로는 1888년 세계 박람회 이후 바다를 매립해 만든 도로라고 한다. 해안가 제방을 경계로 왼쪽은 비키니 족, 나체족이 거니는 해안가 모래밭이고, 우측은 조그만 포구에 수많은 요트가 정박해 있다.

지중해 리조트 지역

　우리는 야자수가 무성한 도로가 양편에 카페, 전문 음식점, 마트가 들어선 길을 따라서 어느 음식점에 들어갔다. 넓은 실내에 스페인 전통장식품과 풍경화가 걸려있다. 식탁에 4명씩 자리를 잡았다. 샐러드에 토마토, 당근 조각, 상추 등과 식빵이 곁들여 나왔다. 뒤이어 볶음밥에 불고기 피자처럼 생긴 주메뉴가 나왔다. 넓적한 식빵 위에 볶음밥과 불고기 피자를 쌓아서 먹는다. 여기 음식점에서 점심을 먹은 다음 행선지 카탈루냐 광장과 람블라스 거리로 이동하고 있다. 열대지방의 표상 야자수가 도로를 따라서 무성하게 들어차 이국의 정취를 한층 아름답게 수놓고 있다.

　바로 인접 람블라스 거리 맨 끝 한적한 장소에 콜럼버스 동상이 우뚝 서 있다. 1888년 바르셀로나 박람회를 기념하기 위해 탑을 세웠다. 대략 10여 미터 높이의 동상 꼭대기에 콜럼버스가 선 자세로 오른손은 대서양을 가리키고 있다. 둥그런 동상 아래는 스페인의 유명한 인물 조각상이 돌아가며 여러 자세를 취하고 그

위에 동양의 상징물인 용이 하늘로 승천하는 모습을 하고 있다.

　신대륙을 발견하기 이전에는 가마득한 수평선을 넘어 풍랑이 거친 바다 끝에 괴물이 산다는 전설이 내려오고 있었다. 그래서 외해로 멀리 나가는 항해는 엄두도 못 냈다고 한다. 그러나 이사벨 여왕의 지원을 받은 콜럼버스는 1492년 세비야를 출항해 2개월여 항해 끝에 신대륙을 발견하고 1493년 귀국해서 항해결과를 국왕 부부 이사벨 1세와 페르난도 2세를 만나 보고했다. 이를 기념하기 위해 1888년 세계 박람회 때 이곳에 콜럼버스 동상을 세웠다. 여러 여행팀이 주위에 몰려들어 동상을 배경 삼아 기념사진을 찍고 있다.

　거리에는 동심을 자극하는 삼발이 자전거에 여러 명의 관광객이 타고서 이동하며 주위거리를 구경하고 있어 어린이처럼 좋아한다. 주변 건물에 둘러싸인 카탈루냐 광장은 바르셀로나 시민의 행사나 집회 시 많이 이용한다. 북쪽은 쇼핑가와 그라시아 거리이고, 남쪽은 람불라스 거리이다. 이 거리는 우리가 조금 전에 머물던 해안가로 연결된다.

바르셀로나에 있는
콜럼버스 신대륙 발견 기념탑

거리의 연기자들

바로 인접에 있는 남쪽 람블라스 거리를 거닐고 있다. 관광객이 몰려드는 보행자 전용 도로에 다양한 옷차림, 황금 박쥐 옷, 검은 개미 옷을 입은 연기자가 네모 나무통에 올라가 악기로 연주하는 거리 퍼포먼스, 무언의 예술 동작을 보여주고 있다.

길거리 쇼 주위에 많은 관객이 몰려들어 흥미를 갖고 서성이고 있다. 그중 일부는 동전을 던져준다. 휘황찬란한 옷차림에 현란한 연기로 구경꾼의 호기심을 자극한다. 여기는 거리를 따라서 야외 천막카페, 기념품점, 전문식당, 꽃집 등이 쭉 늘어서 있다. 국내외 관광객이 몰려드는 유명한 예술의 거리이다. 사람이 많이 몰려들다 보니 소매치기, 퍽치기의 활동무대가 되어 항상 소지품에 주의해야 한다.

갑자기 나타난 여순경 둘이서 거리 행인을 세워 신분증 제시와 가방을 조사하고 있다.

바르셀로나는 스페인에서 한국인 여행객 사고가 가장 많은 도시이다. 오물을 뿌려 주의를 분산시키거나, 여성과 어린이로 구성된 조직이 자선단체 기부금을 요구하는 척하면서 소지품을 강탈한다. 바르셀로나 국제공항, 산츠역 주변, 고딕 지구, 몬주익 언덕, 람블라스 거리 주변에서 수시로 강도와 소매치기 사건이 빈발한단다.

뒤이어 피카소 미술관을 방문했다. 고딕 지구 좁은 골목길에 있는 14세기 옛 궁전을 수리해 미술관으로 개조했다. 파블로 피카소(Pablo Picasso, 1881~1973)는 20세기 입체파 미술의 거장이다. 일찍이 화가인 아버지의 영향을 많이 받고 자랐다. 우리에게 잘 알려진 명화 <아비뇽의 처녀들>, 스페인 내란 중에 완성한 벽화 <게르니카>로 유명하다.

피카소의 작품 3천여 점을 전시하고 있다. 그는 1904년 프랑스 파리에서 왕성한 작품 활동을 하며 여생을 보냈다.

우리는 다음 여행지 몬세라트를 향해 이동 중이다.

5. 성모 마리아 성지, 몬세라트(Montserrat)

몬세라트는 바르셀로나에서 50km 떨어져 있는 해발 1236m 험준한 바위산이다.

바르셀로나에서 버스로 1시간 거리에 있으며 검은 마리아상이 있는 기독교 4대 성지이다. 도로를 따라서 고색 찬란한 고풍스러운 건물, 최신 건물이 쭉 이어지고 있다. 시내를 벗어나면 드넓은 농촌 풍경이 펼쳐지고 시루떡처럼 생긴 높은 바위산이 이어지는 막다른 계곡에 울창한 녹색 산 능선이 눈앞에 다가온다.

산과 산사이로 이어지는 회색 다리를 건너고 있다. 여기는 몬세라트로 올라가는 케이블카 정류장 건물이다. 건물 앞에서 반가이 맞이하는 예쁜 안내양이 상냥하게 우리를 반긴다.

승차권을 끊어 대기하다가 케이블카가 도착하면 순서대로 탑승한다. 케이블카는 몬세라트 아메라에서 산 정상까지 30분마다 출발하고 15분 소요된다.

파란 하늘 사이에 흰 구름이 떠서 흘러가고 드높은 산에는 잿빛 큰 바위가 우뚝 솟아 위용을 자랑하고 울창한 숲이 뒤덮고 있다. 높은 바위산은 하늘을 찌를 듯 우뚝 솟아 바르셀로나 뒤로 펼쳐진 평원을 내려다보고 있다

노란 원통형 케이블카에 8명이 탑승했다. 상당한 높이에서 고지를 향해 움직인다. 수백여 미터 저 아래에 펼쳐지는 첩첩이 싸인 잿빛 바위는 수려한 자연의 풍광을 보이고 있다.

노란 원통형 케이블카

찬란한 햇살이 내리 비추고 저편 넘어 산 정상에 걸린 뿌연 운무는 멀리 갈수록 시야의 초점을 흐리게 한다. 도착지 주위를 둘러보았다. 녹색 숲으로 덥인 바위산 계곡에 폭포가 걸려 있어 운치를 더한다. 여기 수도원이 있는 깎아지른 바위산은 상당한 높이라는 사실을 알았다.

거대한 바위산을 배경으로 운무에 싸인 수도원

울퉁불퉁한 고구마처럼 생긴 둥그런 바위가 총총히 박인 바위산 바로 아래 산세를 잘 이용한 드넓은 평지에 4~8층짜리 건물이 여러 동 줄지어 들어서 있다. 고요하고 적막한 바위산 험한 산골에 성채 같은 상당한 규모의 수도원과 성당 그리고 부속 시설이 완벽히 갖추어져 있다니 믿기 어려웠다.

광장에서 올라가면 바로 앞에 나무 기둥으로 만든 십자가가 우리를 반기고 앞으로 더 나아가면 8층 건물의 수도원이 정면에 나타난다. 그 사이로 성채 같은 문을 통해서 안으로 들어간다, 벽면에 기사도 조각상이 새겨 있고, 또 붉은 건물을 지나 앞으로 나아가면 우리가 방문하려는 성당이 바로 눈앞에 다가온다. 미사 시간인데도 불구하고 관광객이 자유로이 실내 여기저기 둘러보고 있다.

문세라트라는 말은 카탈루냐어로 '톱니 모양의 산'이라는 뜻이다. 이곳의 동굴에는 수도자들이 은둔하던 성지이었으나 지금은 베네딕토 수도원과 바실리카 성당이 있다. 특히, 바실리카 성당은 검은 성모 마리아상으로 유명하며. 순례자들의 발길이 끊이지 않는다.

12세기경 카탈루니아 수호성인 성모 마리아상은 목재 유약이 오래되면서 검은색으로 변했다고 전한다. 전설에 의하면 이 검은 성모 마리아 목각 상은 예루살렘에서 성 루가가 만든 것으로 서기 50년경에 성 베드로가 이곳에 가져왔다고 전한다. 이슬람 시대 무어인의 눈을 피해서 그동안 동굴 속에 숨겨 모셔 왔다고 전한다.

그러나 근세 방사성 탄소로 과학적인 연대측정 방법을 실시한 결과 12세기경에 만들어진 것으로 밝혀졌다. 이 조각상과 관련한 또 다른 종교적인 일화가 있다.

1522년 전쟁터에서 부상당한 이 그나 타우누스 로욜라는 전쟁의 참혹상을 깨닫고 성스러운 교단을 건립하려고 이곳에 왔다. 그때 검은 성모 마리아 조각상을 둘러싸고 여러 기적이 일어났다고 전한다. 그 이후에 이곳을 방문하는 수많은 순례자를 위해 수도원을 비롯한 거대한 성당을 건립했다. 1812년 나폴레옹 군대가 처들어와 성당 일부를 파괴했으나 곧 재건했다.

　박물관에 고대 유물과 귀중한 자료가 보관되어 있고 수도원 부속 성가대는 오랜 전통을 자랑한다. 세계 3대 소년합창단에 스콜라이아의 수준 높은 공연을 관람할 수 있다는 사실이 특이하다.

우뚝 솟은 비석 바위

　수도원에서 내려 올 때는 푸니쿨라 산악열차를 타고서 내려온다. 급경사로 기울어진 철로를 따라 내려오는 열차는 너무 가팔라 몸이 앞쪽으로 쏠리는 현상이 일어난다. 저 아래 산과 들판을 따라서 꼬불꼬불 거미줄처럼 이어진 도로와 조개 딱지처럼 달라붙은 주택이 들어찬 마을과 푸른 녹색 평야가 한눈에 소복이 눈에 들어온다. 구름 사이 환히 비추는 햇살은 대지를 밝게 비춰서 하늘의 계시를 받는 것처럼 암시를 준다. 참으로 아름다운 풍경화가 눈앞에 스펙터클처럼 펼쳐진다. 시루떡 바위산 정상에 우뚝 솟은 비석 바위가 우리의 눈길을 끈다.

산악열차가 지상에 닿은 간이역에서 내려 주위를 살펴보았다. 콘크리트 고가 철로에 열차가 정차하고 플랫폼 정거장을 통해서 아래로 내려왔다. 간이 역사는 넓은 공터에 여러 개의 긴 의자를 늘어놓아 차를 대기하며 쉬기 좋은 환경이다. 우리는 서로 인원을 점검 후에 다음 여행지로 출발한다.

코발트색의 지중해 연안

이제 버스는 조그만 동산을 지나 녹색의 들판을 달리고 있다. 도로가 한적한 휴게소에 들렸다. 화장실에서 용무를 보고서 커피를 주문했다. 무슨 커피가 찻잔 밑바닥에 깔리고 끈적끈적한 진액에 양은 적다. 혀끝에 닿는 순간 너무 쓴맛에 진저리가 난다. 그래도 시간이 없어 받아들고서 대기하고 있는 버스에 올랐다.

조금 지나서 저 멀리 코발트색 지중해 수평선이 눈부시게 반짝이고 갈매기 여러 마리가 곡예 하듯 비행하며 난다. 바닷가에 하얀 백색 리조트 건물이 줄지어 들어서고 울창한 숲속에 노랑 장미 넝쿨이 흐드러지게 피었다. 참으로 아름다운 풍경화이다.

들판을 지나 이제 도시에 접어들었다. 만국기가 펄럭이는 5층 건물 호텔이 눈에 들어온다. 모 호텔 전문 음식점에서 저녁을 먹고서 이 호텔에 여장을 풀었다.

도시 뒷면이 바위산이다. 뾰족한 바위산에 옛날 성곽이 까치집처럼 우뚝 솟아 위험스럽게 올라앉아 있다. 바위산 아래는 산기슭까지 주택이 빼곡히 들어서 있다.

난공불락의 바위산 천연 요새 성곽

몬세라트에서 발렌시아까지 버스로 4시간 30분 소요되는 장거리 여행이다.

지중해 연안은 큰 산맥이 길게 뻗어 남쪽으로 흘러가고 조그만 야산이 사이에 간간이 스쳐 지나간다. 창밖은 온통 울창한 수목과 파란 세파가 춤추듯 지중해 수평선의 자연풍광을 환상적으로 그리고 있다. 흔들리는 의자에 등을 비스듬히 대고서 창밖의 이국정취에 흠뻑 젖었다.

6. 지중해 연안 도시, 발렌시아(Valencia)

 스페인 동부 지중해 연안 지방으로 넓이 2만 3,305km2. 인구 380만여 명이 사는 스페인 제3의 도시이다. 옛날부터 시대별로 그리스·카르타고·로마·서고트 왕국의 지배를 받았다. 8세기경에는 무어인이 들어와 왕국을 건설해 한때 통치를 받았다. 이슬람 왕국은 16세기에 아라곤 왕국에 정복당한다. 그 이후 스페인이 정치 사회 안정으로 대항해시대가 열려 해외식민지 개척으로 국력이 신장한다.
 중세시대 유적이 많이 남아있다. 시가지를 따라 들어선 고풍스러운 고택과 풍부한 문화유산, 아름다운 해변을 지니고 있다. 13세기에서 15세기에 고딕풍의 대성당과 궁전, 도자기 박물관, 미술관 등의 유적이 대표적인 건물이다.
 구시가지는 고색 찬란한 고택이 많다. 19세기 중엽까지 이곳은 성벽으로 둘러싸여 있었으나 현재는 대부분이 흔적도 없이 사라졌다. 다만 토레스데 세라노와 토레스데 콰르트는 아직 성채를 보존하고 있다.
 유명한 축제인 '불의 축제'는 세라노 성곽문앞에서 시작한다. 거대하고 튼튼하게 축성한 성벽의 위용은 그 당시 얼마나 장엄한 도시였는지를 짐작케 한다. 콰르트 성벽에서 긴 대로를 따라 쭉 걸어가면 대성당을 만난다. 200여 년에 걸쳐 완공한 이 성당은 고딕 양식을 갖추고 있다. 로마의 영향을 받은 로마네스크 양식과 바로크 양식이 혼합되어 있다. 대성당의 내부에는 여러 벽화가 걸려 있다. '벽화의 성당'이라고 불릴 정도이다. 예배당에는 최후의 만찬 때 사용한 예수의 성배가 안치되어 있다.

15세기 황금기를 보내던 동부 도시, 발렌시아는 현재 새로운 시대에 맞춰 탈바꿈하며 제2의 부흥기를 맞이하고 있다. 1441년 설립한 유서 깊은 대학이 있다. 과거 스페인 내란 시 도시 일부분이 파괴되고 잦은 홍수로 피해가 많은 지역이다.

지중해 연안의 따스하고 찬란하게 내리비추는 뜨거운 햇살과 비옥한 토지는 이 지역의 특수 농산물 올리브, 포도 등을 재배하는 데 상당한 도움을 주고 있다.

따뜻한 태양 햇살로 첫인사를 건네는 발렌시아 사람은 과거의 영광이 곳곳에 스며든 세월의 흔적을 느낄 수가 있다.

대성당을 빠져나와 남쪽으로 조금만 내려가면 발렌시아의 중심지, 메르카도 구역에 닿는다. 이곳은 발렌시아 시민의 상업 활동 중심지 역할을 하는 곳이다. 두 개의 상징적인 건물이 도시 중앙에 자리 잡고 있다. 유네스코에 의해 세계문화유산으로 지정된 고딕 양식의 건물 라론 하에 들어서면 찬란하고 고풍스러운 매력에 흠뻑 빠진다.

이곳은 15세기 이슬람 왕궁터에 자리 잡은 상품거래소로서 수 세기 동안 연연히 이어져 왔다. 사무용 탁자와 거대한 나선형 기둥으로 이루어진 큰 홀, 둥근 천장 등 건물 전체가 고풍스러운 분위기를 연출한다.

라론 하 맞은편에 자리 잡고 있는 중앙시장은 근세 건축기법이 반영된 현대적인 건물이다. 시장 통인데도 불구하고, 건물 벽돌부터 천장의 유리 돔까지 세련된 인테리어가 돋보이며 유럽에서 가장 오래된 시장 중 하나로 꼽는다. 농촌에서 갓 들어온 싱싱한 과일과 야채가 상점마다 가득하다. 신선도 유지를 위해서 새벽만 여는 시장이다. 중앙시장에서 좀 더 남쪽으로 내려가면 시청광장이 나온다. 이곳은 발렌시아 시민의 쉼터며 안식처이다. 매년 축제와 다양한 행사를 치르는 중심지역이다. 바로 근처에는 국립도자기 박물관이 도로에 인접해 있다.

예술과 과학의 조화로 미래도시를 꿈꾸는 발렌시아는 최신형 건물에 예술과 과학이 한데 어우러진 문화 공간이다. 펠리페 왕자 과학박물관은 국제 회의장, 예술과 문화의 전당, 산책로 등이 구역별로 이루어져 시민이 편리하게 이용하고 있다. 발렌시아는 그리스와 로마, 이슬람 등 여러 민족의 지배를 받은 역사의 흔적이 곳곳에 스며서 살아 움직인다.

고대 스페인의 국민적인 영웅 엘시드 장군의 대활약으로 위기의 왕국을 구하는 영상은 모든 이의 가슴을 조이게 한다. 이슬람 왕이 군대를 이끌고 해안으로 침략해 들어오자 치열한 전투가 벌어진다. 전장에서 화살을 맞은 주인공 엘시드 장군은 부상한 몸으로 바다에 인접한 난공불락의 요새 성채를 배경으로 피아간에 밀고 밀리는 위급한 상황을 돌파하기 위해 격렬한 싸움을 치르며 막강한 이슬람군을 패퇴 시켜 풍전등화의 위태로운 조국을 지키는 성스러운 역사의 현장이기도 하다.

15세기에는 아라곤 왕국의 왕 하메스 1세의 탁월한 통치력에 힘입어 발렌시아는 황금기를 맞이한다. 그 이후 프랑스의 침공으로 도시 일부가 파괴되는 불운을 겪기도 했지만, 시민군의 항쟁과 저항으로 자유를 얻은 과거의 영광이 그대로 남아 있다. 현재는 '풍요의 도시'라는 말에 걸맞게 지중해의 대표적 관광도시로 거듭나고 있다.

시에라네바다 산 정상에 싸인 흰 잔설

쭉 뻗어 나간 고속도로 정면에 어마어마하게 큰 산이 다가오고 그 아래 겹쳐진 작은 능선이 검은 녹색 우거진 숲으로 덮여 있다. 높은 산에서 산줄기가 조각처럼 굴곡을 지어 내려온다. 한국에서 볼 수 없는 험악한 산세가 겹쳐 물결 흐르듯 출렁인다.

시에라네바다 산맥 산 정상 해발 3,000m에는 찬 설이 덮여 있다. 여기 고속도로는 고원지대를 통과하는데 더 높은 산 정상에 눈이 밀가루 뿌린 듯 산줄기 따라 쌓여 있다.

산비탈 경사진 들판에는 올리브, 포도나무가 무성하게 자라는 전형적인 농촌 마을이다. 시원하게 뚫린 고속도로를 따라서 터널을 지나 들판을 계속 달리다 라 파라다 휴게소에 들려 잠시 휴식

시간을 가졌다. 우리는 남쪽으로 계속 내려가고 있다.

높은 산 중턱 도로를 달리고 있다. 고원지대 시에라네바다 산맥의 높은 산 정상에는 희끗희끗 밀가루를 뿌린 듯 만년설이 군데군데 보인다. 이곳은 높은 산악지대를 개발해 고속도로를 뚫었다. 날씨가 무척 더운 데다 웅장한 산세와 무성한 야자수가 이국의 경치를 오버랩해서 보여주고 있다. 그런 자연환경에서 능선을 따라서 마을이 형성되었다 사라진다. 여기 소읍의 이름은 알렘메나 그란다라고 안내판에 표시되어 있다.

그라나다 도시 이정표 안내판이 알함브라 궁전 지역을 상세하게 알려주고 있다.

지명 위쪽에 알카자바(Alcazaba), 중간에 파라시오스 나자리스(Palacious Nazaries), 아래쪽에 파바리온 데 아세소(Pabalion de Accesso)라 표시되어 있다.

발렌시아 알라큐아스(Alaquas Hotel) 호텔 65호실에 자리를 잡았다. 주위 환경이 깨끗하고 청결하다. 여기 호텔에서 하룻밤 푹 쉬고 다음 여정을 준비하고 있다. 멀고 먼 여정 발렌시아에서 그라나다까지 510km에 시속 100km로 달리고 중간에 휴식을 취하면 6~7시간 걸린다. 새벽 4시에 일어나 짐을 챙기고 6시 30분에 아침 식사를 한다. 출발은 7시 30분이다.

모든 출발 준비를 하고서 로비로 나왔다. 그런데 깜박 잊고 휴대용 가방을 방에 두고 나왔다. 카운터에 가서 방키를 찾아 되돌아가 가방을 찾아 나왔다. 잠깐 사이에 깜박하면 귀중품을 잃는 수가 있다. 매사에 조심해야겠다.

 스페인 남부는 지중해성 기후로 온난하다. 요사이 최저 섭씨 18도에서 최고 30도를 오르내린다. 하늘은 높고 공기는 맑으며 태양이 찬란하게 비춰서 뜨겁다. 그래서 태양의 나라, 정열의 나라라고 부른다. 기후가 좋아서 밤하늘에는 수많은 별이 반짝이며 별똥별이 선을 긋고 지나간다. 자연환경이 좋아서 살기 편한 곳이다.

고속도로에서 라이트를 켜고 달리는 차량

 여기 고속도로에서 달리는 차량은 대낮에도 보통 샛노란 불빛을 켜고 다닌다.

 발렌시아에서 출발한 지 3시간이 지났다. 간간이 지중해 바다가 보이고 산맥이 흐르다 끊어지고 다시 이어져 달린다. 낮은 산에는 덩굴나무가 자라고 토질은 척박하게 보인다.

 왜, 그런가 하고 주위를 살펴보며 가이드에게 물어보았다. 이유인즉 비가 오지 않아 토질이 메말라 바람이 불면 토사가 날려서 거의 사막 수준으로 황폐하다고 전한다.

약간 누런 토지에 싸리나무 넝쿨이 무성히 자라고 있다. 여기저기 잘 정돈한 오렌지 나무, 올리브 나무 단지는 아름다운 농촌 풍경을 살짝 비춘다. 스페인 사람이 올리브 농장을 경영하면 굉장한 부자에 속한단다.

우리는 휴게소에서 잠시 쉬었다가 출발한다.

가이드에 의하면 버스 운전기사가 동양 3국 여행자를 목격하고서 평하는 말이란다.

일본사람은 의자에 비닐봉지를 달아서 쓰레기를 넣는다.

한국 사람은 자기가 사용하고 버리는 쓰레기를 의자 틈새에 끼워 넣는다.

중국 사람은 이리저리 아무 데나 쓰레기를 버린단다.

그중에 한국 사람 쓰레기 버리는 습관이 머리를 때려서 절레절레 흔들며 골치 아파 애를 먹는다고 전한다.

옛날에는 그랬는지 몰라도, 요사이 한국 사람도 국내외 관광을 많이 해 어느 정도 국제적 감각을 갖춰서 예의가 바르다. 요즈음 한국 사람은 매주 생활 쓰레기를 분리수거해서 훈련이 잘되어 있다. 버스 승차 시 각자 또는 함께 쓰레기 비닐봉지에 넣어 휴게소에 지정된 분류 쓰레기통에 버린다고 그 가이드에게 한국의 실상을 상세하게 알려 주었다.

한참 달려서 그라나다 다운타운 어느 카페테리아에 들러 점심을 먹고 다음 여행을 준비하고 있다. 생 올리브, 상추, 당근, 양파를 한데 섞은 샐러드에 오랜만에 수박이 곁들여 나왔다. 주식으로는 식빵이 나왔다.

그라나다 다운타운 카페테리아, 신선한 샐러드에 수박

식당 주위에는 사람이 붐비는 먹자골목이다. 큰 파라솔이 연달아 이어지고 긴 식탁 주위에 둘러앉은 손님이 차와 음식을 먹고 있는 장면이 평화스럽게 보인다.

알함브라 궁전은 수많은 관광객이 일시에 밀려들어 인원을 제한하므로 평일에 입장 티켓 구매가 어렵다. 집시족은 알함브라 궁전에 들어오지 못하도록 철저히 통제한다.

그들은 선물을 주는 척하고, 손 끔을 봐주고 돈을 요구한다. 돈을 안 주면 온갖 저주의 말을 다 퍼붓는다. 또 소매치기를 잘해서 가까이 접근하면 멀리 피해야 한다.

스페인 사람은 상대 사람에게 많은 대화를 나누는 것이 최대의 대인 서비스라고 생각한단다. 이제 발렌시아 자치주가 끝나고 안달루시아 자치주에 진입했다.

7. 찬란한 이슬람문화의 도시, 그라나다(Granada)

안달루시아(Andalucia)주는 스페인 남부에 있다. 스페인에서 두 번째로 큰 자치주이다. 인구 8백50만여 명에 면적은 87,268㎢이다. 스페인 남쪽 지중해 연안에 있고, 서쪽으로는 포르투갈과 대서양에 맞닿아 있다. 서북아프리카 모로코를 마주 보고 있으며 지브롤터 해협과도 만나는 스페인 최남단 지방이다.

그라나다는 그라나다 주의 주도(州都)이다. 스페인어로 눈이 덮인 산맥이라는 뜻이다. 험준한 산악지대인 시에라네바다 산맥이 북쪽에 길게 뻗어 있다. 과달키비르강의 지류인 베이로강, 제닐강, 다로 강이 합류하는 지역이며 해발 750m의 높은 지대에 있는 고대도시이다. 인구는 약 24만여 명이 살고 있다. 스페인에서 규모로 13번째 큰 도시에 들어간다.

그라나다는 남서쪽 지브롤터 해협에서 약 200km, 코르도바에서 동남쪽으로 130km, 수도 마드리드에서 남쪽으로 약 350km 떨어져 있다. 스페인의 주요 도시는 철도와 정기노선 버스로 연결되어 있다. 페데리코 그라치아 로르카 공항은 도심에서 서쪽으로 약 17km 지점에 있다.

기후는 연평균 기온이 섭씨 22도로서 온화한 편이지만 한여름에는 섭씨 35도를 오르내리는 더운 날씨가 이어진다. 겨울철은 영하로 내려가는 경우는 거의 없다. 최저 기온은 섭씨 약 10도 내외로 오르내린다. 연평균 강수량은 360mm로 비가 적은 건조한 날씨가 지속한다. 10월부터 4월까지 월평균 약 40~50mm의 비가 내린다.

  도시 외곽에는 농사를 짓는 평지가 많다. 주로 곡물류·채소류·아마 재배와 양잠업이 발달해 있다.

  여기는 지중해성 기후로 따듯해 포도주와 올리브 생산이 많다. 특히 피혁 제품은 이슬람 시대부터 전통적인 가내 수공업 형태로 연연히 이어져 내려오고 있다. 오랜 기간 동안 무어인의 지배를 받아 이슬람과 유럽문화가 한데 어울려 공존하는 지역이다.

  스페인 땅에서 이슬람 문화의 흔적이 가장 뚜렷하게 남아있는 곳 중 하나인 그라나다는 아프리카에서 침략해 들어온 무어인들에 의해서 8백여 년 동안 이슬람 세력의 지배를 받은 중심지이었다. 이슬람 문화를 가장 잘 보존하고 있는 그라나다의 알함브라 궁전과 거대한 성채는 이슬람의 수준 높은 건축술과 관개시설 등 고유하고 독특한 문화를 간직하고 있다.

  특히 세비야의 플라밍고와 콜럼버스의 신대륙 발견한 행적, 그라나다의 알함브라 궁전, 피카소가 태어난 말라카, 로마의 영향을 받은 론다의 인상적인 그라나다는 평지를 중심으로 한 신시가지와 알람브라, 알바이신, 사크라 몬테 언덕에 있는 중세 구도시로 나뉘어 있다. 고대와 현대가 한데 어울려 조화를 이루고 있는 이 도시의 분위기에 젖어서 둘러봄도 좋은 추억으로 남을 것 같았다.

  이베리아반도는 한니발의 포에니 전쟁 이후 로마에 정복되면서 히스패니아로 불렸다. 그 당시 로마의 총독이 파견되어 이베리아반도를 통치했다. 로마가 멸망하고 711년경 아랍계 무어인이 북

알함브라 궁전 내부시설

아프리카에서 건너와 이베리아반도를 정복하면서 이슬람교가 급속하게 퍼져나갔다. 무어인의 우마야드 왕조는 이베리아반도의 대부분을 차지했다. 카스티야 왕국, 아라곤 왕국, 나바라 왕국은 서로 경쟁과 갈등, 전쟁을 치르며 아라곤 왕국의 세력이 점차 강성해지자 로마교황은 가톨릭 왕국끼리 전쟁을 고만하라고 명하고 이베리아반도에서 이슬람 세력을 몰아내는 데 힘을 합치라고 한다. 그 이후 가톨릭 왕국연합체 운동인 레콘키스타로 국토회복 촉진이 활발히 전개된다. 가톨릭 연합국에 의해 이슬람 세력권의 도시들이 점차 점령되어 나갔다.

이베리아반도에서 마지막 이슬람 왕국으로 남아있던 그라나다는 왕족과 귀족들 간 내분과 갈등이 일어 쇠퇴하기 시작한다. 가톨릭 왕국인 아라곤의 페르난도 2세와 카스티야 왕국의 이사벨 1세 여왕과 결혼하면서 더욱 강력한 가톨릭 왕국으로 탄생한다. 마침내 1492년 그라나다는 아라곤 왕국에 의해 점령되면서 이베리아반도에서 마지막 남은 이슬람 왕국은 서서히 역사의 뒤안길로 사라지게 된다. 현재 그라나다에는 이슬람 왕국의 요새와 궁전, 사원, 대학 등 많은 유적이 남아있다. 북동부의 다로 강 좌측의 언덕 위에는 이슬람 왕조의 왕궁이자 요새였던 알함브라 궁전 요새가 있다. 13세기에서 14세기의 왕족의 별궁別宮으로 사용되었던 곳이다.

근세 들어 세계적인 관광지로 유명한 장소가 되었다. 그 외 16세기에 지어진 수도원, 대학, 16세기~18세기의 대성당 등 역사적인 유적이 많이 산재해 있다. 문화유적이 많아서 스페인뿐만 아니라 유럽과 아시아 등 세계 여러 나라에서 수많은 관광객이 몰려드는 관광도시이다.

겨울철에는 시에라네바다 산맥의 리조트에서 세계적인 알파인 스키대회가 열린다. 겨울 스포츠를 즐기는 사람이 많아 1년 내내 관광객이 북적이는 도시이다.

이슬람 제국의 요새며 왕궁인 알함브라 궁전은 저 아래 평원이 한눈에 내려다보이는 구릉지 언덕에 위치하고 있다. 이 궁전은 1238년 나스로 왕조를 세운 무함마드 1세가 군사 요새로 건설했으나 후에 왕실의 거처로 바뀌었다. 그 이후 여러 대의 왕조에 의해서 증축되었다.

현재의 모습은 14세기 유수프 1세와 그의 아들 무함마드 5세에 이르러서 완벽하게 갖추었다. 스페인 사라센 문화의 후기를 대표하는 바위산 위에 세운 적색의 성채이다. 성곽의 이름은 석재의 붉은 색에서 유래한 것이라 전한다.

 알함브라 궁전의 성을 쌓기 위해서 1227년에서 1327년까지 100여 년간 장인 3천여 명이 불을 밝히고 주야로 작업을 해서 성을 구축했다고 전한다.

 그리스도교의 국토회복운동에 의해 함락되어 사라질 위기에 있었으나 이사벨 1세와 페르난도 2세 국왕 부부가 이 궁전에 거처를 옮기면서 기적적으로 되살아났다. 시설을 일부 개보수하는 과정에서 탑이 대부분 철거되고 왕실 모스크는 성모 마리아 성당으로 개축되었다. 그 이후 여러 왕조에 의해 계속 확장되었다. 18세기는 일시 방치했다가 19세기 이후 다시 복원했다. 이 궁전은 1984년 세계문화유산으로 등재되어 오늘에 이른다.

 알함브라 궁전은 크게 나눠 왕족 거주지인 니스르 궁전, 여름별궁 헤네랄리페, 카를로스 5세 궁전으로 나눠진다.

 알함브라 궁전에 들어서면 제일 먼저 카를로스 5세 궁전이 나온다.

 이 궁전은 스페인이 만든 르네상스 건물로서 단일 궁전이라기보다는 혼합된 다양한 건축물의 왕궁이다. 1층은 단순하면서도 육중한 느낌을 주는 도리아식이다. 2층은 부드럽고 유연성을 부여한 이오니아식의 복합체 건물이다. 궁전 입구에 장사 헤라클래스 부조상이 받치고 있다. 카를로스 5세 궁전 옆에 왕립극장이 있다.

 마침 이곳에서 콘서트가 열리고 있다. 세계적으로 유명한 로열 필하모니 오케스트라, 런던 심퍼니 오케스트라 공연 광고가 붙어 있다. 우리 일행은 왕궁 주위를 둘러보고 그리 크지 않은 2층 왕립원형극장 내부도 둘러보았다.

카를로스 5세 궁전과 왕립 원형극장

 고풍스러운 왕립 원형극장은 1층에 어림잡아 500석~600석이 무대를 중심으로 관람석이 배열되어 있다. 2층은 둥근 회랑이 빽 둘러쌓았다. 공연을 위해서 한 참 조명시설을 작업하고 있다. 그리고 회랑 중심의 넓은 공간에는 사자 중정, 귀중품, 유물을 전시하고 있다.
 왕립극장에서 돌아서 나와 성곽 문을 통해서 드넓은 정원 지역으로 들어섰다. 여기는 궁전과 부속 시설을 구경하려는 관광객으로 북적인다. 다음은 알카자바 지역으로 이동하고 있다. 웅장한 성문을 통해서 안쪽으로 들어서면 바로 앞에 우뚝 솟은 성벽이 다가온다. 우리는 바로 계단을 타고서 올라가 성벽 위로 나왔다.
 성채 높이와 방향에 따라 앞에 펼쳐지는 전망이 다르게 보인다. 산 구릉지를 타고서 전개되는 마을에 건물이 빼곡히 들어차 큰 도시를 이루고 있다. 더 높은 성곽 꼭대기에 있는 망루를 보러 위로 또 올라가고 있다. 이곳은 바리오 카스트레스 지역이다.

알카자바 성곽 내 군 숙영지 시설과 전망대 아르마스 탑

 알카자바 성곽은 알함브라 궁전의 요새 화한 성채로서 가장 오래된 24개의 망루와 군인 막사, 무기고를 비롯한 각종 창고, 목욕탕이 있는 군 숙영지 시설이다. 한때는 4만~5만여 명의 병사들이 주둔한 지역이다. 이곳 드넓은 토레 데 라스 아르마스 광장에는 군의 막사와 적의 포로를 가두는 지하 감옥과 우물이 있다. 높은 성곽 망루까지 계단을 밟고서 올라가면 저 멀리까지 드넓은 평야가 잘 보이는 전망대 아르마스 탑이 나온다. 그 탑 위에 더 높은 곳에 토라 데 라 벨라라는 최고 높은 곳에 망루 탑이 있다. 이 망루는 적의 침입을 추적하는 최고 높은 관측 탑이다. 모두 이 웅장한 요새화한 난공불락의 큰 성곽을 보고서 모두 감탄사를 연발한다.

망루에서 아래를 내려다보면 궁전의 모든 시설이 한눈에 들어와 발아래에 머문다.

여기 망루에는 유럽 연합기, 스페인 국기, 그라나다기, 안달루시아기가 바람에 펄럭이고 있다. 저 멀리 사방은 높은 산으로 둘러싸여 있고 여러 갈래의 강이 천연장벽 역할을 하고 있어 적으로부터 방어에 유리한 천연 요새이다. 그리고 바로 앞에는 야산과 드넓은 평야에 집들이 빼곡히 들어차 있다. 우리는 저 멀리 널리 퍼져있는 도시를 배경으로 기념사진을 찍었다.

이제 전망대 아르마스 탑 성곽의 계단을 따라서 내려오고 있다.

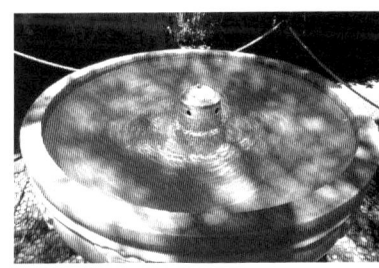 

성곽내 우물시설

방벽 밑에 도랑을 파서 맑은 물이 흐르고 있다. 먼 산 계곡 호수에서 지하로 도랑을 타고서 순수한 물이 흘러들어 온다.

아 하! 이곳에 거대한 우물정이 있구나, 한곳에 저장한 물을 여러 갈래로 물이 흘러가고 있다. 성곽 전체 설계 시 음용수와 목욕물을 해결하기 위한 생활의 지혜가 번뜩이는 현장을 둘러보고서 놀랐다.

다음 행선지로 떠나기에 앞서 잠깐 나무 그늘에서 쉬고 있었다. 옆에 두 명의 예쁜 서양 여인이 서로 대화를 나누고 있다. 보기 드

문 미인이며 신장은 보통 키이다. 한 여인은 예쁜 금발 머리에 선 그라스를 끼고, 한 여인은 브라운 머리에 얼굴이 작고 예쁘다. 둘 다 흰 블라우스에 청바지를 받쳐 입고 있다. 필자는 그녀들에게 아내와 함께 추억의 기념사진을 찍자고 제의했다. 그녀들은 동양 여인과 함께 사진을 찍으니 기분이 좋은 모양이다. 미소를 띠며 좋아하는 기색이 역력히 얼굴에 비친다.

추억의 기념사진

우리는 알함브라 궁전의 핵심인 이슬람의 전형적인 왕궁 니스르 궁전을 들려서 돌아나가고 있다. 여기는 왕의 집무실과 왕실 가족이 사는 삶의 공간으로 이 궁전의 주요 지역이다. 아랍건축물의 정교함과 화려함의 진수를 보여주고 있다. 화려한 천장 무늬에 모자이크 화한 벽면과 창문이 무척 화려하고 예쁘다.

헤네랄리페 궁전은 왕의 여름 별장이다. 군사 요새 역할을 한 알카시아 정원의 여름 별궁이다. 14세기에 지어졌다고 전한다. 화사한 꽃동산과 정원수 그리고 분수대로 꾸며진 아름다운 정원이다. 이곳은 코란의 낙원 이미지가 풍기는 이슬람 조경의 특성을 잘 보여주고 있다.

아세키아 중정에서 조금 올라가면 술타나 정원이 나온다. 여기에서 술탄의 후궁과 귀족의 아들이 비밀리에 사랑을 나누다가 발각되어 형장의 이슬로 사라진 비연의 장소로서 베어진 고목 아래 비극적인 사랑의 이야기가 전설로 내려오고 있다.

현재 일부만 남아있는 중정이 보인다. 그 평면은 동남방 지방의 풍취를 묘사해서 따른 것으로 2개의 중정이 있다. 그중 큰 것은 미르토스의 중정으로 규모의 폭과 길이가 대략 30여 미터 되는 크기이다. 북쪽에 탑이 있고 그곳에 외국 손님을 맞이하는 대사의 방이 있다. 미르토스의 중정 주위의 방은 공적 생활에 사용되었다고 전한다.

술탄의 후궁과 귀족의 아들이 비밀리에 사랑을 나눈 장소

작은 중정은 라이온의 중정이라 하며 열주랑列柱廊으로 둘러있고 그 양 끝 가에는 파빌리온이 있다. 그 원주는 배열에 변화를 주어 2~3개를 모아서 세웠다. 중정 중앙에는 수반水盤이 있어 12

마리의 라이온 조각상이 위엄 있는 모습으로 떠받치고 있다. 벽면에는 사라센 건축 특유의 장식을 입혔다. 이 중정은 크기가 대략 25미터로 주옥의 궁전과 같은 것이라 전한다. 주랑의 기둥은 꽃줄기처럼 가늘다. 이 궁전은 천일야화의 신비로움이 서양의 낭만적인 상상 속에 형상화한 것으로 전해 내려온다고 한다.

　워싱톤 어빙(Wasington Irving, 1783~1859)을 소개하는 푯말이 벽면에 붙어 있다. 그는 미국대사이며 외교관이다. 그동안 폐허로 버려진 알함브라 궁전을 세상에 알리는 데 공이 많은 사람이다. 스페인 대사로 그라나다를 여러 번 방문해 알함브라 궁전을 보고서 이슬람왕조에 대한 전설과 자료를 모아 1832년 알함브라 궁전에 대한 책을 펴서 세상에 알린 사람이다. 그의 업적을 기리기 위하여 방의 벽면 중앙에 공적에 대한 기록물이 붙어 있다.

　알함브라 궁전은 화려한 이슬람식 건물에 연못과 희귀한 나무, 수종의 화사한 꽃으로 이슬람식 조경으로 정원 화한 장소이다. 해외로부터 수많은 관광객이 몰려들어 인산인해를 이루고 있다. 알함브라 궁전 사자의 중정은 보존상태가 좋아 관광객에게 인기가 많다.

　알암브라 궁전은 제왕의 홀. 두 자매의 홀. 아벤세르레제스의 홀. 라이온 중정. 미르토스 중정. 사자使者의 홀. 왕의 욕실 등으로 구성되어 있다.

　알바이신 지구는 그라나다 도시 한쪽 비교적 높은 언덕에 있다. 알함브라 궁전과 마주 보는 알바이신 지구의 성곽은 13세기에 처음 지어졌으며 30개 이상의 이슬람교 사원이 있다. 이곳은 이슬람 문화의 유산이 고스란히 남아있는 곳으로 유명하다. 1994년에 세계문화유산에 등재된 곳이다.

이제 알함브라 궁전을 구경하고 이베리아반도 남단에 있는 미하스를 향해서 남쪽으로 이동하고 있다. 구릉진 녹색 들판에는 우거진 수풀과 잘 정돈된 포도나무가 열을 지어 고랑을 타고서 쭉 이어져 뻗어나간다. 그 사이 노란 흙색의 꼬불꼬불한 소로 길이 어울려 한적한 농촌 풍경을 그리고 있다.

8. 스페인의 산토리니 미하스(Mijas)

미하스는 스페인 안달루시아주의 도시이며 지중해 연안에 있다.

하얀 주택이 즐비해 마치 그리스의 산토리니의 분위기를 연상시키는 미하스는 마을의 모든 건물이 하얀색 옷을 입어서 햇빛을 받으면 더욱 눈부시게 빛난다.

미하스는 고대 로마 시대부터 존속해온 오랜 역사를 지닌 도시이다.

주차장에서 내린 우리는 인접 건물 엘리베이터를 타고서 위로 올라갔다. 맨 위층은 넓고 큰 콤파스 전망대에서 지중해 저 멀리 새파란 수평선 너머 가물거리는 끝까지 추적해 보았다. 짙은 코발트 색깔의 지중해는 비밀스러운 옅은 운무가 끼어 언제나 고요하고 평온하다. 새색시처럼 차분하고 조용해서 드러나지 않는 모습이 자못 궁금하다. 그래서 하늘은 이곳에 풍랑과 태풍을 보내지 않는 모양이다. 지중해는 고요한 바다, 평화스러운 바다, 역사가 살아 숨 쉬는 바다로서. 지중해라는 말만 들어도 가슴이 뛴다.

눈부신 하얀색 건물 미하스

코발트색의 눈부신 지중해 연안

 도시 주위를 둘러보고 다시 내려와 흰색 건물의 여행자 안내센터에 들어갔다. 드넓은 광장 야자수 그늘아래 귀여운 모습의 회색, 브라운색의 조랑말이 이끄는 여러 대의 택시 마차가 손님을 기다리고 있다. 아이보리색 팔각지붕 천막에 빨간 바퀴의 택시 마차는 보기에도 앙증맞은 장난감처럼 보인다. 맞은편에서 예쁜 여인들이 연분홍 블라우스 옷자락을 바람에 휘날리며 세 마리의 조랑말을 타고서 끄덕이며 일렬로 다가오고 있다. 한 폭의 아름다운 풍경화이다.

여기는 조랑말을 많이 사육하는 모양이다. 광장 중앙에 시커먼 조랑말 조각상이 눈길을 끈다. 조각상을 배경으로 기념사진을 찍었다.

시내를 눈여겨보았다. 뒤로는 높은 산이 받쳐주고 좌우로 능선이 막아주며 앞에는 확 트인 파란 지중해가 끝없이 펼쳐져 흰 세파가 넘실거리는 전형적인 배산임수 좋은 자연환경이다.

강렬한 지중해성 햇빛을 막으려고 건물, 주택 모두가 하얀색으로 채색해서 눈부시다. 언덕에 하얀 주택이 밝고 깨끗하게 보인다.

로마가 태동하던 왕성한 시기에 앙숙인 아프리카 강자 카르타고와의 전쟁에서 뺏고 빼앗기는 치열한 싸움터에서 고대, 중세, 현대에 이르기까지 얼마나 파란만장한 세월의 역사를 지니고 있는가, 지나간 역동의 세월을 물어도 파란 지중해는 고요한 자태만 보이고 대답이 없다.

로마는 국력이 왕성하던 시기에 지중해 연안 주변국을 정복해 발밑에 무릎을 꾸러 앉혔다. 수많은 전쟁을 통해서 이민족을 지배하며 영광을 누린 로마제국은 서서히 역사의 뒤안길로 사라지고 뒤이어 새로운 강자 무어인이 이베리아반도에 밀고 들어와 한

동안 지배한다. 수백 년 동안 지중해는 고래로부터 연안국과의 무역거래가 성행하고 사람 왕래가 잦아 물질문명이 발달한 지역이다. 신대륙 발견을 계기로 대항해시대를 거쳐서 해외식민지를 개척한 스페인은 해양제국으로 전성기를 맞이한다.

위로부터 조랑말 택시 마차, 조랑말 탄 여인들, 조랑말 조각상과 기념사진

근, 현대에 들어서 유럽제국은 제1, 2차 세계대전을 치르며 지중해 연안과 아프리카까지 전쟁터로 확산한 지난 세월의 치열한 전투 양상이 뇌리에서 주마등처럼 스쳐 지나가고 있다.

산 중간 언덕에 자리 잡은 미하스 시가지는 안 욱하고 포근한 분위기를 풍긴다.

시내 번화가 조금 높은 언덕에 돌로 쌓은 동굴 성당이 눈길을 끈다. 우리 일행은 호기심이 발동해 성당 안으로 들어가 둘러보았다. 중앙 십자가 주위에 화사한 꽃과 수없이 많은 작은 촛불이 바람에 흔들리고 있다. 밖에 높은 곳에 예수 조각상이 시내를 굽어 내려다보고 있다. 우리는 동굴 성당을 둘러보고서 나왔다.

동굴 성당 전경 　　　　　　　바위 동굴 집

조금 높은 언덕 큰 나무가 무성한 그늘 사이에 펼쳐진 야외카페는 오가는 사람들의 편안한 쉼터이다. 많은 손님이 둘러앉아 차와 음료수를 마시며 전면에 펼쳐지는 코발트색의 지중해 수평선을 바라보고 있다. 야외카페와 지중해 사이 수풀이 우거진 드넓은 평지에 사이사이 하얗게 점점이 들어선 하얀 주택이 조개 딱지처럼 들어서고 그 앞에 펼쳐지는 파란 지중해는 무한한 꿈을 안겨주는 편안한 장소로 다가온다.

조금 높은 언덕에 큰 바위가 툭 튀어나와 무너질 것 같아 조금 걱정스럽게 보인다. 특이한 것은 큰 바위 밑을 파서 조그만 주택을 안에 지었다. 큰 바위 끝이 조그만 집의 처마 역할을 한다. 집은 비바람에 견딜 수 있게 안쪽으로 깊이 들어가 지었다. 자연을 이용한 특이한 구조라고 생각한다.

미하스의 중심인 산세바스티안 거리는 고유한 전통이 살아 숨 쉬는 가장 인기 있는 장소이다. 여기는 아기자기한 골목의 풍경이 사뭇 아른거린다. 우리는 시내 길거리를 따라서 언덕 골목길에 펼쳐진 카페, 음식점, 기념품 전문점, 패션거리를 둘러보고 있다.

건물 안을 들여다보며 기웃거리는 사람들, 야외카페 의자에 앉아 대회를 나누는 사람들, 화려한 의상을 걸쳐 놓은 옷가게를 기웃거리는 여인들의 모습이 이채롭다. 여러 형태의 골목 풍경이 저마다 특수한 그림으로 다가와 추억을 심는다. 골목 상가를 전부 둘러본 후에 왔던 길로 되돌아 나와 한참 다른 시내 거리를 거닐었다.

중앙광장에 토착해 막 떠나려는 엘리베이터를 타고서 건물 아래 버스 주차장으로 내려왔다. 대기하고 있는 버스를 찾아 올랐다. 벌써 여러 사람이 버스에 자리 잡고 앉아 있다. 뒤이어 가이드는 버스에 탑승한 사람을 일일이 점검하며 한사람이 안 보인다고 한다. 그러면서 다시 카운트하고 있다.

우리 여행객 중에 제주도 모 여인(50세)의 모습이 보이지 않는다. 남편과 동료들에게 물어보아도 행적을 모른다고 한다. 아무리 기다려도 오질 않아 가이드가 그 일대를 찾아 나섰다. 주위에 있을 법한 곳에 가서 물어보고 둘레를 두리번거려도 꼬리가 잡히지 않는다.

어디에서 움직이고 있는지 도무지 알 수가 없어 다시 돌아온 가이드는 숨을 헐떡이며 난감해한다. 거의 30분이 지나서야 버스 앞에 택시가 선다. 어떤 여인이 택시에서 내리며 주위를 살펴보고 머뭇거린다. 바로 앞에서 버스를 발견한 그녀는 남편을 큰 소리로 부른다. 밖으로 튀어 나간 남편은 아내를 보고서 안도의 한숨을 내쉰다.

고유한 전통이 살아 숨 쉬는 산세바스티안 거리

찻간에 올라온 그녀는 화가 잔 듯 난 찌푸린 얼굴로 남편을 나무라며 속상해 원망한다.

그녀의 말은 막다른 골목길에서 아무리 주위를 살펴보고 길을 찾아도 알 수 없어 헤맨 억울한 사연만 토로한다. 버스에 앉아 있던 승객들은 그 광경을 바라보고서 입을 비쭉거리며 미안하다는 말도 없고 예의도 없는 사람이라고 뒤에서 수군거린다.

좀 상냥하게 미안하다는 인사를 하면 될 것을 왜래 떠들고 야단이다. 그 광경을 바라보고 있던 일행은 안도의 한숨을 내쉬면서도 귓속말로 머! 저런 여자가 있어하며 불만을 터트린다. 이유는 자기 잘못은 아랑곳하지 않고 남편에게 자기를 챙기지 않았다는 불평불만을 늘어놓고 옥신각신한다.

사유인즉 그녀는 언덕길을 따라서 골목을 누비며 주위 풍경에 매료되어 기념사진을 찍으며 자기도 모르게 골목길을 계속 올라갔단다. 한참 구경하고서 되돌아 나오는데 막다른 골목에서 길을 잃었다고 한다. 되돌아 나오는데 길이 막히고 돌아서면 또 막히고, 앞으로 나아가면 더 먼 길로 돌아가고, 도무지 어디가 어딘지 구분이 안 되고 위치도 알 수 없어서 큰길로 간신히 빠져나와 택시를 잡아타고서 내려왔단다, 서로 말이 통하지 않는 택시 기사도 정확한 위치를 잘 몰라 이리저리 헤매다 여기 주차장에서 버스 찾느라 고생했단다.

그 말을 듣고 있던 가이드는 머리, 얼굴에 땀방울이 솟아나 힘들었던 과정을 여실히 보여주고 있었다. 그 가이드 하는 말은

"이리저리 돌아다니느라 다이어트 잘했다고" 말하며, 그러면서

"시간을 잘 지켜야 다음 여행에 차질이 안 난다고," 하며 "여행에서 30분이란 큰 시간이며 남에게 피해를 주지 말아야 한다,"고 강조해서 말한다.

그때 기분전환을 위해서 조용필 노래 '여행을 가자'로 침체한 분위기를 전환하는 데 노력한다. 현명한 처사였다. 이제 다음 행선지를 향해서 버스가 움직이고 있다.

언덕길에 있는 한적한 장소에 라 스텔라 호텔(La Sterra Hotel)이 아담한 모습으로 다가온다. 우리 부부는 206호에 배정받았다. 좀 쉬었다가 식당에 내려왔다. 여행객 중에서 친하게 지내는 일행과 식탁에 빅 둘러앉았다. 큰 접시에 수북이 쌓아 놓은 샐러드, 쌀밥에 곁들인 돼지고기 두 토막, 포테이토, 각테일 디저트, 과일 등 너무 많은 음식이 나왔다. 서양사람 기준으로 음식이 나오다

보니 거의 1/3 또는 1/2 정도만 먹고 음식을 남겼다.

어느 여행객은 피곤하고 음식이 맞지 않는지 호크만 대었다가 바로 놓는다. 어제 그라나다, 오늘 미하스에서 관광하느라 피로가 쌓였다. 방에 들어가자마자 샤워하고 일찍 잠자리에 들었다. 한참 자고 한밤중에 깨어보니 밤 11시경이다.

아침 일찍 5시에 일어나 짐을 꾸리고 6시 식사하고 출발은 7시 30분이라고 한다.

버스는 호텔에서 나와 산등성이를 타고서 스페인의 한적한 산 길로 들어섰다. 녹색 수풀이 우거진 산 능선을 따라서 달리고 있다. 저 멀리 산 아래 우거진 수풀이 무성하고 그 사이 개천에는 물이 흐르고 있다.

9. 로마제국의 누예보 다리, 론다(Ronda)

론다는 안달루시아 지방의 작은 도시이다. 주위에는 해발 750m의 비교적 높은 산으로 이루어진 웅장하고 거친 산악 지대가 도시 주변을 둘러싸고 있다.

깊은 협곡 양편 거대한 바위에 까치집처럼 들어선 건물이 장관을 이뤄 인상적이다. 기원전 6세기경 켈트족이 최초로 이 지역에 정착촌을 세운다. 이후 카르타고 페니키아인이 들어와 큰 규모의 마을을 이른다. 그러나 현재 도시의 시초는 기원전 3세기경에 로마 제국의 장군이자 정치가인 스키피오가 건설한 요새화된 마을이다.

누에보 다리는 깊은 계곡에 걸쳐있어서 햇빛이 들지 않는 어두컴컴한 협곡이다. 깊이 120m 내려간 아치형 다리로 신구 시가지를 연결하고 있다. 그 아래에는 조그만 개천이 흐르고 있다. 계곡 바닥은 무성하게 자란 녹색 풀숲에 물이 흐르며 크고 작은 바위가 널려 있다. 군데군데 웅덩이에 물이 고여 있는 모습이 일반 개천 모습과 조금도 다르지 않았다. 우기 때는 엄청난 물이 흐른다고 한다. 협곡과 저 멀리 산과 들판을 내려다보기 위해 계곡 사이 절벽에 전망 좋은 테라스를 설치한 건물과 전망대형 정원이 즐비하게 들어서 있다.

특히 이 도시는 1785년 처음 투우장의 발상지로도 널리 알려져 있다.

론다 시내 거리

마에스트란사 투우장은 스페인에서 가장 오래되었다. 둘레가 66m 원형구장으로 최대 수용인원 6천여 명에 이른다. 관중석은 1, 2층으로 설치되어 있다. 여기 부속 시설인 박물관에는 화려한 투우사의 의상과 역사적인 사진, 포스터 등이 전시되어 있다.

도시 주도로 길바닥은 조약돌이 깔린 고대타운 모습이 드러난다. 조용하고 한적한 시골풍의 유럽 거리를 걷는 기분이 들어 깊은 인상을 준다. 도시 주위를 관광하기 위해 건물이 들어찬 조용한 거리를 따라서 걷고 있었다. 성당 옆을 지나고 있는데 갑자기 큰 종소리에 주위의 적막을 깬다. 그 거리를 걷던 행인 모두는 움찟 놀란 가슴을 움켜쥐고서 주위를 살펴본다.

여기 론다 마을은 분지 형 도시이며 말라카 산맥이 이어지는 아기자기한 조그만 도시로서 마치 동화 속 마을에 들어 온 기분이 든다.

론다는 스페인 내란 시 민족상잔의 슬픈 역사가 깃들어 있다. 사상 주의자가 세계 각지에서 몰려와 헤밍웨이도 국제여단에 소속되어 참전했다고 전한다. 헤밍웨이가 머물던 빠라도 호텔 근처 전망 좋은 소로는 그가 거닐던 산책로로 유명하다. 유서 깊은 장소로 모두가 관심을 갖고서 걸어 보았다. 그는 1년여 동안 이곳에 머물며 집필한 유명한 소설 『누구를 위하여 종을 울리나』를 썼다. 그 이후 이 소설은 유명한 영화로 탄생한다.

여기 이정표에 론다 비제로스 로만틱코스(RONDA A FOS VIAJEROS ROMANTICOS)로 표기 되어 있다.

아마도 누에보 다리는 로마 시대부터 전해 내려오는 교량이라는 안내판 같았다. 옛날 로마 전성기는 전 유럽을 지배하고 도로와 교량을 곳곳에 건설했다는 역사기록이 남아 있다. 지중해 근접 거리에 있는 론다는 로마군이 함선을 이끌고 침공해 들어오기 좋은 위치에 있다. 유럽제국과 지중해 인접국 아프리카까지 로마의 세력 확장을 위해 500여 년 동안 길을 닦으며 싸웠다고 한다. 그중에 로마가 2300년 전 건설한 '아파도 가도'는 이탈리아반도를 가로지르는 군사 도로로 유명하다.

옛날 로마 시대부터 전해 내려오는 기존 다리가 무너져 다수의 사망자를 낸 마을 사람들이 40여 년 동안 다리를 재구축 공사를 해서 1793년에 완공했다. 누에보 다리가 그림처럼 걸친 바위절벽 사이에 흰 물줄기의 가는 폭포수는 운치를 더해 스펙터클하게 보여 주고 있다.

스페인의 인공 구조물 가운데 거대한 규모를 자랑하는 누에보 다리는 수려한 풍경에 뭇 사람들의 시선을 사로잡고 특이한 다리 모습에 탄성이 절로 나온다. 우리 부부는 폭포수가 흐르는 교량을 배경으로 기념사진을 찍었다.

누에보 다리 전경

론다 시내를 구경하고서 되돌아 나와 버스를 타고서 다음 행선지 세비야로 향하고 있다.

주위 산세와 푸르른 들판 남유럽 고유의 풍광을 즐기며 여유 있는 시간을 갖고서 주위를 둘러보고 있다. 론다에서 세비야로 가는 길목은 강원도 대관령 산세처럼 험준한 산허리를 돌고 돌아서 휘돌아 움직여 몸이 한쪽으로 쏠려 나아간다. 비가 오지 않아서 그런지 저 아래 깊은 계곡 마른 건천이 눈에 들어온다. 여기는 지중해성 기후라 늘 온난하다.

조금 전에 경치 좋기로 이름난 "천국의 계단"을 따라서 높은 산 중턱 도로 경사진 곳에서 급속히 내려와 어지럼증과 가슴이 조여와 약간 답답하다. 평소 이런 감정을 느껴보지 못했으나 평지에 내려오니 완전히 풀린다.

안달루시아(Andalucia)주 지방은 스페인 남쪽 지중해 연안에서 아프리카를 마주 보고 있는 지역으로 고대로부터 현대에 이르기까지 지중해 연안국과 인적, 물적 왕래가 잦은 곳이다.

이슬람의 티파스 문화가 안달루시아에서 시작되었다. 인접 아프리카에서 건너온 아랍인이 구축한 건축물이 남아 있어 고유하고 독특한 문화의 잔재가 서려 있다.

안달루시아 지방에는 세비야에서 출항한 콜럼버스의 신대륙 항해 발자취, 스페인이 낳은 독특한 플라밍고, 그라나다의 화려한 이슬람 문화 집합체인 알함브라 궁전, 론다의 누에보다리까지 특유의 풍광에 국내외 관광객이 끊임없이 찾아든다.

말라카(Malacca)는 미국의 플로리다반도와 비슷하다. 이베리아반도 남부의 관문으로 말라카 공항이 있다. 구시가지가 볼만하다. 피카소가 10살까지 산 고향이며 생가와 피카소 미술관이 있다. 태양의 해변이라고 불리는 말라카는 바다 풍광이 수려해서 북유럽 제국, 영국에서 주로 연금 수령자들이 2~6개월간 따뜻한 지중해 연안에서 휴양하며 여름을 지내는 리조트 지역이다. 태양의 해변 250km 지중해 연안의 풍치 좋은 곳에는 별장지대가 들어서고. 해수욕장과 골프장이 자리 잡고 있다. 푸르고 광활한 해안 모래사장과 골프 시설이 많아 여가를 즐기러 여행과 휴식을 겸해서 온다고 전한다.

금융위기와 재정위기를 겪으면서 포르투갈, 스페인, 이탈리아, 그리스는 전 세계를 금융 공포로 몰아넣었다. 2005년~2006년경에는 30평형 집(방 3, 화장실)의 시세는 대략 3억 원 정도였으나 금융위기, 재정위기를 겪으면서 2억 원 정도에 팔려나갔다고 전한다. 스페인은 2007년 이전에는 년간 약 6,500만여 명의 관광객이 방문해 성시를 이뤘으나 세계에 불어 닥친 갑작스러운 불경기로 관광객 감소와 집값에 지대한 영향을 주었다고 한다.

지브롤터(Gibraltar)는 지중해 지브롤터 해협 맨 끝 우측에 있는 항구도시로 영국이 지배하는 스페인 속의 작은 영국영토이다. 시내 어디서나 잘 보이는 이곳의 명물 해발 430m 바위산이 남북으로 길게 뻗어 있어 구름이나 안개가 드리우면 신비한 분위기를 띄운다. 고풍스러운 건물 사이 꾸불꾸불 이어지는 작은 골목에 펼쳐진 유흥거리는 카페, 음식점, 각종 필수품을 파는 마트, 기념품 전문점 등이 즐비하다. 도시의 중심인 케이스 메이츠 광장은 늘 사람이 붐빈다.

1701~1714년 유럽 여러 나라가 참전한 스페인 왕위 계승 전쟁 시 영국이 지중해의 전략적 거점인 이곳을 점령해 확보했다. 여기는 지중해와 대서양으로 잇는 주요한 전략적 요충지이다. 그 당시 영국과 스페인 간에 체결한 우트레흐트 조약(1713년)에 의해서 영국이 지배하고 있다. 스페인은 지금도 불평등 조약이라 강조하며 영토 반환을 지속해서 요구하고 있다. 면적은 6.5km²이고 인구 약 3만여 명이 살고 있다. 지브롤터 해협은 스페인과 아프리카 모로코를 마주 보고 있다.

10. 스페인의 고대도시, 세비야(Servilla)

스페인 남부 안달루시아 지방의 중심도시 세비야는 오랜 역사와 다양한 문화재를 보유하고 있는 도시이다. 인구는 100만여 명이 살고 있다.

여기는 스페인 특유의 느긋함을 즐기는 정열의 도시, 태양의 도시, 황금의 도시이며, 스페인의 특별한 매력을 체험할 수 있는 곳이기도 하다.

대항해 시대를 연 1492년 콜럼버스의 신대륙 발견과 마젤란 세계 일주도 세비야에서 출발했다. 가족 구성원, 여인들은 떠나가는 아버지, 오빠, 동생, 애인을 그리며 이별의 슬픔에 잠겨 망망대해를 한없이 바라보고 가슴을 치며 몸부림치는 장소가 바로 세비야의 항구, 선착장이었다.

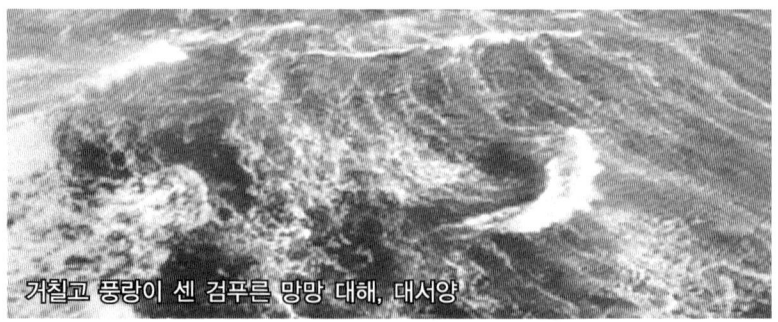
거칠고 풍랑이 센 검푸른 망망 대해, 대서양

임을 그리며

성광웅

사랑하는 임이시여!
이제 떠나면 언제 돌아오시는지
망망대해 세찬 파도 헤치며 떠나는 그대

머나먼 수평선에 떠오르는 그대의 영상
그리움에 지쳐 여인의 가슴에 슬픈 이별이
알알이 들어와 박혀 헤어나지 못합니다

하늘에 목숨 건 운명, 바다에 떠가는 일엽편주
그 험한 풍랑과 격랑의 파고를 헤치며
끝없이 검푸른 파도를 항해하는 그대여

하늘이시여
저 험한 바다 외로이 떠가는
우리 님 보호하사
세찬 파도, 폭풍우, 좌초 그 위험을
잠재워 안전하게 돌아오게 하소서

하늘이시어
비옵니다. 두 손 모아 비옵니다.
내 생전에 그대와 재회해
행복한 삶을 누리게 해주소서.

사랑하는 그대여
하느님 성혜로 살아만 돌아오시길
오늘도 그대 그리며 무사 귀환 비옵니다.

대항해시대 스페인과 포르투갈은 동서로 배를 띄어 해양항로를 개척했다. 아프리카 희망봉을 돌아 인도, 중국, 일본 등 해외 거점에 서구의 신문물이 들어가기 시작한다.

한편 동양에서는 1543년 8월 일본 가고시마 남쪽 작은 섬 다네가시마에 서양배가 상륙한다. 포르투갈의 프란시스코 지모르와 크리스토 페르타는 성채의 큰 저택에 들어갔다. 그들은 다네가시마 도주島主 도키타카에게 구멍이 뚫린 두 세척의 막대기를 보여

준다. 설명은 들은 도주는 이들이 갖고 있는 물건에 호기심을 보였다. 그들은 멀리 술잔을 바위에 올려놓고 막대기 끝에 불을 붙였다. 번개 같은 빛과 천둥소리를 내며 술잔이 박살 난다. 뒤이어 은산도 부수고 철판에 구멍을 낸다.

이 광경을 목격하고 놀란 도주 도키타카는 많은 돈을 주고 철포 2자루를 샀다. 한 자루는 무로마지 막부에 기증하고. 한 자루는 대장장이 아이타 건배에게 넘겨주며 개발하도록 권했다. 그는 철포를 역설계 제작해서 1년 만에 국산화에 성공한다. 그 뒤 철포 위력은 삽시간에 일본 전역으로 퍼져 나갔다.

한편 그로부터 10여 년이 지난 1555년에 왜인 평장천이 총통 한 자루를 들고서 부산항에 들어와 귀화를 요청한다. 그 정교함과 파괴력을 체험한 조정의 대신들은 조선 제13대 명종에게 그 사실을 보고하고 신무기를 개발할 것을 상신했으나 일언지하에 거절당한다.

왕은 "옛 물건은 신령한 힘이 있다." 는 이유 같지 않은 이유를 들어 거절한다. 앞을 내다볼 줄 모르는 왕은 구무기를 고수하는 옹졸함 때문에 장차 나라에 닥칠 먹구름이 드리우는 큰 재난은 예견된 일이었다. (조선일보 2019년 1월 2일 자 참조)

이를 어이하면 좋을 꼬!

그로부터 수 십여 년이 지난 후에 일본은 더욱 견고하게 다듬고 발전시켜 신무기로 무장했다. 조선은 동서남북으로 갈려 사색당파 싸움으로 국론이 분열되어 허송세월을 보내고 백성의 삶은 피곽 하고 고달팠다.

고요한 적막 속에 발 빠르게 움직이는 이웃 일본의 동향이 의심스러웠다.

조산 제14대 선조는 1590년 통신사 정사 황윤길, 부사 김성일을 일본에 파견해 정세를 살펴보고 오라고 명한다. 1년 동안 일본에 머물렀던 서인 황윤길은 "일본을 통일한 도요토미 히데요시는 한참 전쟁준비를 하고 있다."는 올바른 정세를 상신하나 반대파 동인 김성일은 "그런 내색이 전연 없다"는 거짓 건의로 상반된 의견을 상신한다.

임진왜란 시
비참한 전투 장면

우매한 선조는 김성일의 건의를 받아들여 안이한 사고방식으로 국력배양을 소홀히 한 채 허송 세월을 보낸다.

그로부터 1년 후인 1592년 임진왜란이 일어나 한반도는 처절하게 짓밟히고 유린되어 수십만여 명이 목숨을 잃었다.

한마디로 세상 돌아가는 동향을 제대로 파악 못하는 우물 안 개구리 사고방식은 환란의 씨앗을 더 키웠다. 그로부터 수년에 걸친 처절한 전란은 수 십만여 명의 인명살상, 단란한 가정파괴, 재산 손실, 수 만여 명이 노예로 끌려가 해외로 팔리는 처참한 운명의 삶이었다. 왜군은 선량한 양민을 죽여 코와 귀를 베어가 묘지를 만든 교토 귀 무덤<耳塚>은 조선시대의 비참하고 슬픈 역사를 뚜렷이 보여주고 있다.

그렇게 당하고도 뉘우침이나 후회도 없다. 튼튼한 안보를 위해 미래의 환란에 대비해야 하나 처절한 역사의 교훈은 애써 외면한다. 과거 쓰라린 역사의 교훈을 저버리고, 정신을 못 차린 조선은 제22대 인조(14년) 1636년 호시탐탐 기회만 엿보던 신생국 청나라는 병자호란을 일으킨다. 허송세월을 보낸 조선은 전쟁에서 또 참패당한다. 한강 나루터 삼전도에서 청나라 황제 청 태종에게 인조 왕이 머리를 조아려 항복 의식을 치르고, 군신의 예를 맺는 굴욕을 감수해야만 했다. 그 이후 청과 군신 관계를 맺고 청나라 조공국이 되는 수모를 당한다. 한민족의 자존심을 구기는 쓰라린 치욕을 겪었다. 힘없는 백성 남녀 60만여 명이 청나라에 끌려가 갖은 고난과 수모를 당한 굴절된 비극의 역사가 서려 있다.

병자호란의 처절한 전투 장면

그로부터 300여 년이 지난 조선 제26대 고종, 1864년 조선의 마지막 왕이고, 1897년 대한제국 초대 황제이다. 고종이 집권 시 흥선 대원군(이하응)은 어린 고종 아들을 앞세워 십수 년 간 섭정을 한다. 그는 왕권강화를 위해서 천주교를 박해하고 해외문물과 교류를 배척하는 쇄국정책으로 눈귀를 틀어막는 고립정책을 자초한다. 대원군의 집권 초부터 청나라와의 사대적 외교관계 이외의 대외관계는 모두 차단해 버렸다. 병인양요, 신미양요 등 두 번의 전쟁을 치르며 척화비를 세워 스스로 더 고립하는 정책을 수행한다. 세상 돌아가는 동향을 파악치 못하고 쇄국정책으로 일관해서 결국에는 시대에 뒤떨어져 국력이 낙후되는 길로 접어들었다.

일본은 일찍이 선진문물을 받아들여 신속히 발전해 세계 선진대열에 끼어들었으나 조선의 역대 무능한 왕을 비롯한 고종은 1910년 국권 침탈로 일본의 먹잇감이 되는 무능함을 보인다. 그로 인하여 제2차 세계대전시 수십만여 명이 징용, 처녀들이 성노예로 끌려가 제대로 피어보지도 못하고 형장의 이슬로 사라진다. 식민지 약소국의 비애와 슬픈 역사를 보여주는 굴절된 역사이다. 평소 국력배양과 안보를 소홀히 한 대가를 독특히 치르는 비극의 결과이었다. 한때 나라 지도자를 잘못 만난 백성은 눈에서 피눈물 나는 비참하고 처참하게 목숨을 부지해야만 하는 결과로 귀결된다는 역사의 준엄한 심판이었다.

한편 서양에서는 세상이 바뀌었다. 중세시대 감히 입 밖에 내놓

지도 못하던 태양을 중심으로 지구가 돈다는 '지동설'은 말도 못 꺼내는 시절이었다.

오랜 연구 끝에 폴란드 프롬보르크 성당 사제 니콜라우스 코페르니쿠스에 의해 1543년 세상에 발표된 논문 '천구의 회전에 관하여 De Revolutionibus Orbium Coelestion)'에 의해 지동설이 밝혀졌다. (조선일보 2019년 1월 21일 자 참조)

태양이 지구를 중심으로 돈다는 '천동설', 신이 지배한다는 중세시대 1,000여 년 동안 모든 정신세계를 지배하던 규범이 한순간에 무너졌다. 논문은 저자가 죽고 73년이 지난 1616년 교황청 금서 목록에 등재되었다가 그 이후 4년이 경과 한 후에 금서에서 풀려나는 신세가 되었다. 이는 숨겨 놓을 수 없는 과학적인 사실이었기 때문이다.

이렇게 세상은 급속히 변하고 있었다.

특히 대항해시대에 접어들어 스페인, 포르투갈은 남미제국의 원주민과 치열한 전쟁을 치르며 전 영토를 점령해 나갔다. 저항하는 남자는 무차별적으로 죽이고 힘없는 부녀자 대다수를 강간 겁탈해 인종을 개조했다. 수 세기가 흐르는 동안 스페인, 포르투갈이 그 자손의 조국, 아버지의 나라로 바뀌는 웃지 못할 비참한 비극이 벌어진다. 역사는 힘없는 자, 죽은 자는 말이 없다. 역사는 승자의 월계관이며 그들의 세계라는 사실이 여실히 증명되는 순간이었다.

대항해 시대 16~17세기 세비야는 해외식민지로부터 쏟아져 들어오는 금은보화, 재물이 쌓이고, 돈이 몰리는 곳에 사람이 모여

든다는 엄연한 진실에 도시가 크게 번창하면서 문학, 예술, 화가 등이 몰려들었다.

17세기 세비야는 돈키호테 저자 세르반테스의 등장으로 문학의 도시며 예술의 도시로 불리고, 음악의 한 장르인 연극 음악이 예술의 집합체 오페라로 발전해 귀족의 사교 마당이 된다, 그 예로 오페라 카르멘, 돈 주왕, 카사노바가 등장한다. 강인하고 낙천적인 루체오(금빛 옷) 투우사, 집시 여인에 의한 현란한 춤을 추는 플라밍고는 가장 수준 높은 경지로 발전한다. 그 외도 세비야는 자랑거리가 많다. 세계적인 문호 헤밍웨이가 각종 축제에 참가해 너무 좋아했다는 역사기록이 남아있다.

스페인은 축제의 나라이다. 세비야의 3대 축제는 봄에 주로 거행한다.

소를 풀어 도망 다니며 쫓기는 축제, 토마토를 서로 던지는 축제(딱 3시간 펼쳐지는 축제), 오렌지 향기 펄펄 뿌리는 축제 등 그들은 땡땡이 옷을 입고 시내를 활보하며 거닐 때 축제 분위기가 최고조에 달해 거리 전체가 떠들썩하다. 먹고 마시고, 춤추며 축제에 참가하는 모두가 즐겁고 행복해한다.

특히 집시족은 유량 민족이며 잘 사는 곳으로 이주해 들어간다.

유럽 각지에 흩어져 살고 있는 집시족은 어림잡아 300~500만여 명이라고 추산한다.

처음 이베리아반도에서 이슬람인이 받아들였다는 설이 있다, 또 다른 설은 이집트에서 이동해 온 사람으로 오해하고 있으나 어디서 왔는지 잘 모른다. 중세시대 핍박을 받아 몰려온 사람들로만 생각하고 있다.

그들은 글이 없어 역사기록이 없다. 유랑하고 다녀서 일자리를 주지 않는다. 그래서 살기가 고달프다. 집시들이 삶의 의욕이 상실될 때 하는 말,

"아이고 내 신세, 내 팔자야" 하며 한탄한다. 집시의 노래처럼,

"밤에는 별 따라 낮에는 꽃 따라 집시, 집시 여인……,"

무대에서 탕탕 튀며 춤추고, 기타 풀이로 손뼉 치고, 발 구르기 등을 잘한다. 이러한 음률은 집시의 춤, 36박자 플라밍고의 기원이 되었다고 전해 내려온다. 플라밍고는 스페인의 무형문화재에 속하며 한참 공연 시는 동화 속에 들어와 있는 기분이 든다,

"올래!, 올래!" 하며 손뼉을 치며 흔들어 여러 동작을 보여주는 모습 등 플라밍고에는 예쁜 무희가 등장한다, 손끝 표정이 이채롭다. 인간의 희로애락이 녹아있고, 서정성이 표출되어서 누구나 감동적이다.

집시들이 플라밍고춤을 추는 장면

여성 무희가 무대에 등장하면 여기저기서 탄성이 오른다.
"구아빠(너무 예쁘다)", "주아뽀"(헌칠한 키의 미남 무희)라고 환호성, 찬사가 터진다. 우리는 함께 분위기를 띄우며 한데 어울려 "앗싸, 가오리"라고 소리친다.

집시족은 방탕한 생활을 해서 사회의 골칫거리이다. 그들은 일정 장소에 집을 짓고 천막을 치고 한데 모여 산다.

그들의 사상은

'세상 만물은 신이 잠시 맡겨 놓은 것'으로 생각하고 있다. 손재주가 떠어 나고 도둑질을 잘한다. 노래와 춤을 잘 추고 기타 연주도 잘한다.

스페인에서 잘 알려진 플라밍고 공연장은 타블리오 이다. 17세기에 지어진 빌딩을 개조한 타블리오 공연장은 최대 수백여 명이 들어갈 수 있는 넓은 장소이다. 안달루시아 무용수 15명 이상이 출연해 매일 2회 1시간 30분 동안 정열적으로 공연한다.

디너 포함 60유로이다, 음료만 마실 경우는 40유로이다. 예약해야 좋은 자리를 앉는다. 동영상은 못 찍게 한다.

요사이는 한국 여행객이 많아서 플라밍고 공연장에 주의 사항이 붙어있다.

- '공연하는 아티스트에 대한 존중과 집중을 위해서 아래 사항을 지켜주시기 바랍니다.'라고 쓰여 있다.

• 공연 중 잡담이나 이야기를 자제해 주세요.

• 공연 중 음식 섭취는 금지되어 있습니다.

• 사진은 찍을 수 있습니다.

- 하지만 스마트 폰이나 태블릿 등 어떠한 동영상 촬영도 금지되어 있습니다.
- 꼭 준수해 주세요, 감사합니다. 라고 안내판에 표시되어 있다.

공연장은 빨간 조명을 주로 사용한다. 아마도 플라밍고 춤이 정열적이기 때문인지도 모른다. 빨간 긴 옷에 녹색 모자, 노랑 긴 옷, 흰옷에 주름무늬 치마, 빨간 상의 녹색 바지를 입고서 주로 화려하게 현란한 춤과 노래, 손놀림, 율동을 섞어 공연한다.

선술집 분위기를 연출하는 장소로 맥주나 음료수만 주문하면 별도의 추가 비용 없이 플라밍고 공연을 즐길 수 있는 장소도 있다. 공연을 분위기에 따라 짬짬이 열리며 공연 시간이 짧다. 통상 밤 10시부터 새벽 2시 사이에 이루어지며 시간이 되면 손님으로 가득 차서 빈자리가 없을 정도이다. 그 외 여러 곳에서 다양한 형태로 공연하는 정소가 있다.

우리 일행은 인상 깊은 플라밍고 공연을 끝으로 저녁 식사 차 식당으로 이동했다.

오후에 세비야 투어를 하고 저녁 7시~ 8시 30분까지 플라밍고 공연을 보고 저녁은 9시에 했다. 숙소는 코바돈가 호텔(Covadonga) 425호에 배정받았다. 우리 부부는 장시간 여행에 피곤해서 샤워 후에 잠자리에 들었다. 기상 6시, 조식 7시, 출발 7시 45분이다.

세비야 대성당은 세계에서 세 번째로 큰 성당이며, 중세 고딕 양식을 보여 주는 뛰어난 건축물이다. 1248년 스페인이 이 지역을 지배하고 있던 무어인을 몰아낸 후에 알모아드 모스크가 있었던 자리를 허물어 웅장한 규모의 성당을 다시 지었다.

건축은 1400년경 직사각형의 모스크를 기초로 시작되었으며, 완공하는 데 100년 이상이 걸렸다. 성당을 건축하는 과정에서 예수의 상징인 십자가를 덧붙여져 교회 종탑으로 변했다. 세비야 성당 입구 천장에 악어, 상아 모형의 물체를 걸어 놓았다.

세비야 대성당

대성당 천정에 걸린 악어 모형

성당 중앙 천장에는 황금, 은 문양을 입히고 벽면에는 화려한 스테인드글라스에 성모, 예수를 비롯한 성현의 그림 문양을 그려 넣어 여러 색깔로 조화를 이룬다.

대성당 제단에 황금으로 만든 세계 최대 성모 마리아 품에 안긴 예수상이 눈길을 끈다.

성당 벽면에 거대한 성화가 여러 개 걸려 있고, 베드로를 비롯한 수많은 성현의 조각상이 길게 새겨져 있다.

성당 내에서도 성역에 들어가려면 쇠창살문을 거쳐서 안으로 들어가야 한다.

세비야 대성당의 유명한 자랑거리 중 하나는 탐험가 크리스토퍼 콜럼버스의 모형 관(실지는 쿠바 바하마에 묻힘)이 있다. 19세기 무명의 무덤이 지하에서 발견되었다, 이 무덤이 그의 유해가 안장되어 있다는 설도 전한다.

크리스토퍼 콜럼버스의 관과 스페인의 국왕 4명, 아라곤, 나라바, 레은, 카스타아의 조각상이 있는 곳으로 유명하다.

성당 내의 각종 성물

식민지 시대 해외로부터 금은보화가 물밀 듯 들어왔다는 설이 있다. 자세히 들여다보니 온통 황금색이다. 은혜재단(은 덩어리)은 세비야 수호신으로 1808년 나폴레옹 군이 약탈해갔다는 전설이 내려온다.

7천여 개의 파이프 오르간이 장엄하게 얼굴을 드러낸다. 바르톨로메 모렐이 제작하고 기독교 신앙을 표상하는 여인의 모습을 한 3.5m 높이의 풍향계가 설치되면서 종탑은 1568년에 완성되었다. 성당 내부에 성화, 조각상 등 특이한 예술 작품을 갖추고 있다. 고딕, 르네상스, 바로크, 플라테레스크 건축 양식이 혼합되어 신비하고 성스러운 새로운 느낌을 주고 있다.

상당한 높이의 전망대에서 바라본 시가지는 전통 고택이 도로를 따라서 찬란하게 들어서 있다. 부언해서 성당 출입 시는 반드시 긴 바지를 입고, 소매 있는 티셔츠, 카디건, 재컷을 꼭 착용해야 한다.

이제 성당을 나와 전통가옥이 들어선 골목길을 따라서 걷고 있다. 양쪽에 3층 건물이 들어선 좁은 골목길을 지나 성곽 담벼락이 길게 연결된 소 도로를 걷고 있다. 각양각색으로 들어선 주택을 둘러보며 계속 앞으로 나아갔다. 노란 색깔의 3층 건물 지붕 한쪽 끝에 대략 5평 정도 들인 방은 지붕에 둥지를 튼 까치집 같은 분위기가 돈다. 수목이 우거진 정원을 지나 넓은 광장으로 나왔다. 광장 중앙에 두 기둥을 높이 세운 탑 위에 흰 사자 한 마리가 늠름하게 걷는 모습을 하고 기둥 중간에 중세 선박이 걸려 있다. 세비야에 있는 신대륙 발견 콜럼버스 기념탑이다. 그 앞을 조금 지나면 스페인 광장이 나온다.

성당 전망대에서 바라본 세비야 시가지 전경

　스페인 광장(Plaza de Espana)은 고풍스러운 궁전 같은 반원형 건물로 1929년 개최한 스페인·아메리카 박람회장으로 조성했다고 전한다. 넓은 광장에는 고딕 양식의 반원형 브라운색 건물과 수로에 아치형 교량이 여러 개 걸려있고 울창한 나무 사이에 가로등이 얼굴을 내밀고 있어 수려한 풍광을 자랑한다.

　광장을 둘러싼 양쪽 끝 건물에 우뚝 솟은 탑이 고풍스러운 느낌을 준다. 중앙 건물 계단을 따라 올라가면 스페인 광장이 한눈에 들어오는 넓은 장소가 있다. 광장에는 국내외 관광객이 동료, 가족과 함께 한가로이 거닐고 있다.

　건물 벽면에는 세계 지도가 그려져 있고, 큰 선박을 타고 신대륙을 발견해 작은 배로 이동하는 장면이 보인다. 스페인의 역사적 사건이 모자이크 타일에 기록되어 한눈에 들여다볼 수 있다. 건물 앞에는 타원형 운하가 있다. 수로에는 몇 척의 보트에 청춘남

녀가 타고서 한가로이 뱃놀이를 즐기는 아름다운 풍경이 눈에 들어온다.

궁전 같은 스페인 광장

넓은 광장에는 말이 끄는 마차에 4명이 타고서 광장 주위를 돌고 있다. 광장 한편에 관객이 빅 둘러싼 가운데에서 거리 음악가의 아코디언 소리는 이국의 정취에 흠뻑 빠지게 해 우리를 즐겁고 행복하게 한다. 그래서 예술은 만인의 심금을 울려주는 도구인 모양이다.

우리는 드넓은 스페인 광장을 빠져나와 다음 행선지로 이동하고 있다.

저 멀리 둥근 원통형 성곽에 사방 돌아가면서 문이 뚫린 탑이 눈앞에 나타난다.

황금의 탑, 토레 델 오레(Torre del Ore)는 1220년경 알모아데 왕조 시기에 무어인들에 의해 세워졌다. 세비야의 전성기를 상징하는 탑이며 도시 성곽의 일부분이다. 그들의 적인 기독교 세력을 물리치기 위한 요새 구실을 하려고 구축했다.

이 탑은 과달키비르 강 변 한쪽 바다 인접 항구에 있다. 강의 다른 편에도 이와 비슷한 탑이 있었다. 이 두 개의 탑 사이에 쇠사슬을 이어서 정체불명의 배들이 강기슭을 거슬러 올라가지 못하도록 막는 방패 역할을 해서 적의 침입을 막아 이 항구를 보호하는 데 목적이 있었다. 1755년 대지진은 포르투갈의 리스본을 완전히 폐허로 만들었으며 그때 스페인에도 큰 영향을 받았다. 두 탑 중 맞은편에 있던 탑은 관리부실로 자연히 없어졌다. 이 탑은 있어도 방치되다가 그 일부분이 파손되었다.

황금의 탑, 토레 델 오레

1760년대에 이 탑은 수리하고 증축했다. 탑 꼭대기에 빙 둘러 옹벽을 쌓아서 전보다 더 견고한 외관을 갖추게 되었다. 그 이후 두 차례에 걸쳐서 헐릴 위기에 처했으나, 두 번 다 시민의 적극적인 반대로 오늘날까지 무사히 견딜 수가 있었다. 토레 델 오레는 연한 색의 벽돌과 돌로 축조되었다. 왜 '황금의 탑'이라는 이름을 얻게 되었는지에 대해서는 의견이 분분하다. 처음 축조 시 이 탑의 외관이 금박으로 덮여 있어 햇빛을 받으면 황금 색깔이 반짝반짝 빛났다고 전한다. 다른 설은 스페인 함선이 해외 식민지로부터 황금을 가지고 돌아와 저장소로 이용했기 때문이라는 설도 있다. 무어인들이 통치하던 시대 이후부터 지금까지 토레 델 오레는 다양한 용도로 사용되어 왔다.

감옥, 화약 저장고, 항구의 관리 사무소가 들어섰던 적도 있다. 근래 이 탑은 해양 박물관으로 이용하며 주위 경관이 수려해 자연환경과 잘 어울린다.

근접 거리에 있는 마리아 루이사 공원은 원래 산텔모 궁전의 정원이었다.

1893년 오를레앙의 마리아 루이사 공주가 기부한 부지에 세워진 이 공원은 가로수 길과 오솔길, 꽃밭으로 이루어진 정원, 연못, 분수대, 작은 폭포, 동상과 스페인의 유명한 문인의 기념비가 들어서 있다. 공원 한가운데에는 큰 호수가 있다. 섬에 정자가 있어 조용히 쉬면서 호수에 노니는 물새를 구경할 수 있어 좋다. 마리아 루이사 공원은 유럽에서 가장 아름다운 도심 속 공원으로 이름나 있고, 무성한 나무가 들어차 더위와 먼지로부터 멀리하기 좋은 휴식공간이다.

관광객은 공원의 녹지에서 살짝 벗어난 스페인 광장 같은 랜드마크 주위에 모여들지만, 시민이 가장 원하는 것은 뜨거운 열기로부터의 탈출이다.

조금 떨어진 곳에 산타크루스 광장(Plaza de Santa Cruz)이 있다.

구시가지 중심부에 있는 산타크루스 광장은 도심에 가깝고 울창한 수목이 많아 시민의 쉼터로 많이 이용하는 곳이다. 과거 유대인이 많이 살던 곳이다. 교회가 있던 곳으로 나폴레옹군 침입으로 교회는 불타 없어지고 그 자리에 광장이 들어섰다.

세비야에서 똘레도까지 버스로 운행한다. 우리는 버스 운행 중 휴게소에서 짬짬이 쉬면서 이동했다.

고대 도시 똘레도 시가지가 저 멀리 보이는 언덕에서 바로 정면에 펼쳐진 시가지를 두루 돌아가며 살펴보고 있다. 타호강안에 둘러싸인 둥그런 동산의 천연 요새 똘레도는 과히 천하제일의 전략 요충지라는 사실을 금방 알 수가 있다.

똘레도 도시 중심에 고딕식 성당의 하늘 높이 솟은 첨탑이 웅장한 모습으로 다가온다.

11. 고유한 전통이 살아 숨 쉬는 고대도시 똘레도(Toledo)

스페인의 똘레도는 타호강 깊은 계곡에 둘러싸인 요새처럼 생긴 언덕에 인구 6만여 명이 거주하는 고대 도시이다. 기독교, 유대교, 이슬람교 유적이 공존하는 장소이며, 오랜 역사적 유물과 문화예술을 간직한 옛 수도이다. 1986년 대성당을 포함한 "똘레도 구시가지"는 유네스코 세계문화유산으로 등재되었다.

기원전 2세기경에 로마의 식민지이었고, 8세기부터 11세기에는 고트족의 중심지이었다.

똘레도 구시가지 전경

이슬람 세력의 침입 이후에는 똘레토는 이슬람 왕국의 수도로서 정치, 사회, 문화의 중심지가 되었다. 이곳은 예로부터 상공업이 발달한 지역이다. 특히 무기생산 중심지로서 다양한 형태의 칼을 생산한다. 세월이 흐르면서 가톨릭 카스티야 왕국의 정치, 문화 중심지로 더욱 발전한다. 1560년 펠리프 2세의 마드리드 천도로 정치적 중심지의 지위는 상실하나 도시 전체가 13세기 고딕 양식의 성당, 무어 풍의 왕궁과 성벽 등 이색적인 건축물이 즐비해서 자연 박물관이나 다름없다. 수많은 고대 유적과 '똘레도의 검'은 이곳의 대표적인 상징물이기도 하다.

중세 기사 갑옷, 칼, 총포를 판매하는 전문점에 들어가 수많은 종류의 칼과 구형 권총을 만져보고, 중세 기사 갑옷 은색, 검은색 십자가 갑옷과 투구를 배경으로 기념사진을 찍었다. 조그만 갑옷, 투구 인형, 휘장 등 다양한 모형을 팔고 있어 눈길을 끈다.

구형 권총, 갑옷 모형, 다양한 나이프

또 다른 한편에서는 망치로 두드려 세공해서 만든 기념 쟁반, 자개 그림, 장식장 등을 전시 판매하고 있다. 우리는 이곳을 나와 도시 중심 높은 건물 사이 좁은 골목길을 따라서 걷고 있다. 점심 때가 되어 호텔 파라시오스(Hotel Palacious) 식당에 들어갔다.

식탁에 둘러앉은 우리 앞에 올리브유, 토마토, 양파 슬라이스, 상추, 삶은 고기 가루, 옥수수 등을 섞은 샐러드와 조각 빵이 나왔다. 뒤이어 아기 돼지를 통째로 삶은 애저哀猪가 큰 쟁반에 얹혀 나온다. 4인당 한 마리씩이다. 여기는 애저 전문식당으로 유명하다.

여기서 애저 음식을 맛보다니, 생각지도 않은 행운에 입이 벌어진다. 처음에는 징그럽게 생각했으나 육질이 부드럽고 맛이 좋아 보양식으로 먹는다고 전한다.

색다른 스페인 전통 식문화의 값진 경험을 통해서 순간 감동을 받았다. 우리는 식사를 마치고 성당으로 발길을 옮기고 있다.

"똘레도 대성당"은 프랑스 고딕 양식의 건축물이다. 페르난도 3세가 1227년 건축을 시작하여 266년이 지난 1493년에 완공했다. 그 뒤 수차례 증개축이 되풀이되어 오늘날의 아름다운 대성당의 모습을 보여주고 있다.

현재 똘레도 대성당은 스페인 가톨릭의 총 본산이다.

그 건물 규모는 길이 113m, 폭 57m, 중앙 탑의 높이 45m이다. 왼쪽 첨탑에 '고르다'라는 1만 8천 킬로그램 되는 대형 종이 걸려 있다.

성당 정면에 3개의 문이 있다.

중앙문은 '푸에르타 텔 페르돈,'이라는 '용서의 문'을 지나면 죄가 사해진다는 전설이 있으나 특별한 날에만 개방한다. 오른쪽 문은 '심판의 문', 왼쪽 문은 '지옥의 문'이라고 칭한다.

본당 우측의 보물 실에 들어서면 성체현시대(Custodia)가 보인다. 3m 높이로 전체가 금과 은으로 그 무게가 180kg에 이른다고 한다.

이 밖에 프랑스 왕 생루이가 기증한 '황금의 성서'도 보존되어 있다. 본당 성가대의 정교한 조각으로 새겨진 목각의자 또한 고전적인 아름다움을 그대로 간직하고 있다.

똘레도 대성당은 풍부한 재정과 후원 덕분에 수많은 보석과 화려한 장신구 등으로 치장되어 있다.

18세기 바로크 양식 말기에 나타난 건축양식으로 추리게레스코 스타일로 이뤄진 대리석과 석고를 이용해 제작한 재단이다. 토메는 위쪽에 둥근 천정을 깎아 구멍을 내서 조각한 인물상이다. 조그만 틈새로 태양광선이 일직선으로 비춰서 하늘의 영적 암시 영상효과를 내고 있다.

중앙재단 뒤는 조각상이 온통 황금빛으로 치장되어 있다. 벽면 스테인드글라스는 여러 칼라로 채색되어 은은히 비추고 있다. 7열의 조각들이 4줄로 배열했다.

아래서부터 성모상, 성채현시대, 예수의 탄생, 성모의 승천 등 그 내용이 상세히 조각되어 있다. 그 주변에 예수의 생애와 고난, 중앙에 예수의 십자가가 세워져 있다.

최후의 만찬 조각상 아래는 라파엘, 가브리엘, 미카엘, 우리엘 4명의 대천사 아래에 성모 마리아 조각상이 있다, 이베리아반도에서 이슬람 세력을 몰아내고 그라나다 실지를 회복하는 과정과 성모 마리아의 일대기가 그려져 있다. 대사원의 성가 실은 미술관으로 엘 그레코와 고야의 작품이 잘 보존되어 있다.

우리는 똘레도 대성당을 나와 산토 토메 성당으로 발길을 옮기고 있다. 주위 건물을 구경하면서 천천히 이동하고 있다.

산토 토메 성당은 무데하르 양식으로 건축했다. 산토 토메 성당은 엘 그레코가 그린 걸작 '오르가스 백작의 매장'을 소장하고 있다.

신앙심이 깊었던 오르가스 백작은 산토 토메 성당에 항시 후원을 많이 했다.

이 그림은 그의 장례식 장면을 현실 세계로 그린 하단과 백작

똘레도 대성당

성당 내의 성물

의 영혼이 천상으로 올라가 하늘에서 심판을 받고 영적인 세계로 인도되는 장면을 묘사해서 그린 그림이다.

여기 그림에 예수와 마돈나, 그리고 세례자 요한이 등장한다. 장례식에 사도들, 세례자, 왕들에 둘러싸여 있는 장면도 나온다. 그중에 스페인의 왕인 필립 2세는 그 당시 살아 있는데 이 그림에 그려져 있다. 지방 귀족과 성직자들도 장례식에 참관하는 그림이 그려져 있다. 이 '오르가스 백작의 매장' 그림은 지상과 천상으로 나뉘어 있는 신비주의 엘 그레코 그림의 걸작이다. 이 성당은 세계문화유산에 등재되었다.

천연 요새 성채를 잇는 고대 로마 다리 알칸타라는 고대 도시 똘레도 언덕을 휘돌아 둘러싸고 있는 타호강에 놓인 가장 오래된 다리이다. 이 다리는 기원후 104년경 로마제국이 세웠다는 전설이 내려온다. 총 길이 182m, 높이 71m 아치형 다리로 중세시대 똘레도를 들어오려면 반드시 이 다리를 통과해야 한다. 이 다리는 똘레도 언덕 동쪽 강상에 걸쳐 있다. 1921년 스페인의 국가 문화 기념물로 지정되어 있다.

깊은 계곡 사이 그리 넓지 않은 녹색 강물이 흐르는 타호강의 출입용 외다리는 똘레도 언덕 동산 도시를 휘돌아 나가 천연 방어 전략적인 요새로서 여러 고대 왕국이 도읍지로 정해 내려왔다. 알칸타라 다리는 화강암으로 쌓은 튼튼한 다리이며, 똘레도 도시 외곽에는 성곽으로 둘러싸여 있다.

저 멀리 가로 놓인 로마 다리 알칸타라

똘레도 전망대는 구시가지에서 알칸타라 다리를 지나 찻길을 따라서 남쪽으로 올라가면 전망대가 나온다. 여기서 전 시가지가 한눈에 오밀조밀한 주택의 모습으로 들어온다. 이 도시의 신구 시가지의 주택, 건물 모양새가 매우 대조적으로 다가온다. 구시가지 주택은 일정 간격 없이 제멋대로 언덕을 따라서 층층이 대소 주택이 들어서 있는 반면 신시가지는 질서 정연한 브라운, 붉은색 주택, 큰 건물이 들어서 있다.

우리 일행은 똘레도 입구 알칸타라 다리에 모여서 기념사진을 찍고, 다리 주위를 구경하고, 도보로 타호강을 내려다보면서 건너편으로 걸어서 나오고 있다. 계곡 언덕에 성곽이 휘돌아가고 좁은 출입문 사이에 둘레길은 경사진 계단을 따라서 내려가면 강가에 닿는다. 강변 경사 지대에 무성한 나무가 들어서 강물에 또 하나의 아름다운 풍경화를 그리고 있다. 건너편 산봉우리 정상에 강기슭을 내려다보는 큰 건물이 들어서 있다. 도로를 따라서 주택이 들어서고 마을을 이룬다. 다리 중간지점에 적 침공 시 방어용 탑에 철문이 가려져 있다. 우리는 다리를 넘어서 강 반대편에 집결해 버스에 승차해서 콘수에그라로 이동하고 있다.

12. 돈키호테 소설의 배경, 콘수에그라(Consuegra) 풍차 마을

　스페인의 문호 미켈 데 세르반테스 저자『돈키호테』소설 배경 마을이 가까워지고 있다. 주위에 크고 작은 산과 드넓은 들판을 지나 콘수에그라 풍차 마을로 진입하고 있다. 풍차마을은 조금 높고 긴 언덕 구릉지 곳곳에 11채의 풍차가 돌아가고 있었다. 앞이 확 트인 들판에서 바람이 불어오는 좋은 위치에 자리 잡고 있다.
　바위 절벽 언덕 끝 제일 높은 고지 정상에 허물어진 낡은 성곽은 무성한 수풀이 바람에 흔들려 세월의 무상함을 일깨워 주고 있다. 이곳은 돈키호테 소설의 배경으로 이름난 콘수에그라 풍차 마을이다.
　풍차는 높이 10여 미터의 둥그런 원통형 하얀 벽면에 검은색 지붕이다. 지붕 한쪽 면 바람이 불어오는 방향 지붕 중간에 커다란 십자 날개가 서서히 돌아가고 있다. 아래는 높이 2.5m X 폭 1m 규모의 출입문이 나 있다. 출입문 바로 옆에 철로 조각한 병사 인형이 방패와 창을 들고 서 있다. 우스꽝스러운 병사의 창을 잡고서 풍차를 배경으로 기념사진을 찍었다.
　언덕 아래는 드넓은 누런 들판이 펼쳐지고 그 뒤에 조그만 산 아래 수백 채의 주택이 들어서 있다. 이곳은 전형적인 농촌 마을이다.

바람에 돌아가는 풍차는 자연과 잘 아울리는 장소로서 돈키호테 소설의 배경이 되었다. 기사가 말 타고 풍차에 돌진하는 허상의 장면을 회상하니 입가에 잔잔한 미소가 돈다. 아름다운 자연과 풍차의 운치 있는 풍광이 그 시절을 들여다보는 환상의 착각을 일으킨다. 관광을 마치고 다음 행선지로 이동하고 있다.

우리가 버스 창문을 통해서 도로변 낮은 구릉지 양지바른 곳에 포도단지, 올리브 나무 농장이 쭉 들어서 있는 이국의 농촌풍경을 감상하며 달리고 있다.

콘수에그라 풍차 마을

돈키호테 장편소설 저자는 미켈 데 세르반테스이다. 돈키호테 소설의 시대적 배경은 17세기경이며 소설의 내용은 다음과 같다.

스페인의 라만차 마을에 사는 한 신사가 한창 유행하던 기사 이야기를 너무 탐독한 나머지 정신 이상을 일으켜 자기 스스로 돈키호테라고 이름을 붙인다. 그는 마을에 사는 뚱보로서 머리는 약간 둔한 편이지만 수지타산에는 빠른 소작인 산초를 시종으로 데리고 무사 수업 중에 여러 가지 모험을 겪게 된다는 이야기이다.

돈키호테는 환상과 현실이 뒤죽박죽되어 기상천외한 사건을 여러 가지로 불러일으킨다. 사랑하는 말 로시난데를 타고 길을 가던 돈키호테는 풍차를 거인이라 생각하여 산초가 말리는데도 듣지 않고 습격해 들어간다. 그 결과 말과 더불어 풍차의 날개에 떠받쳐 멀리 날아가 떨어진다. 그런 상황에서도 제대로 정신을 차리지 못한 돈키호테는 마술사 플레톤이 거인을 풍차로 탈바꿈시켜 놓은 것이라고 착각한다.

병사의 창을 잡고서 풍차를 배경으로 기념사진

돈키호테는 모레나 산에 들어가 산초에게 둘시네 공주를 찾아가 자기의 편지를 전해 달라고 한다. 둘시네 공주란 돈키호테가 잠시도 잊은 적이 없는 가상의 공주였다. 그 명령을 받은 산초는 돈키호테의 편지를 가지고 둘시네 공주를 찾아간다. 그 가상의 공주란 여자가 보통 남자 이상의 여장부일 줄이야. 산초는 그녀를 보고서 깜짝 놀란다.

무사 수업 도중에 산초는 자기 희망이 실현되어 바라타리아 섬의 지배자가 된다. 산초는 그 섬을 정의롭고 바르게 통치한다. 그러나 돈키호테는 계속 무사 순례의 길을 중단하지 않았다. 보다 못한 그의 친구 카라스코가 기사로 변장하여 돈키호테에게 도전한다. 그는 돈키호테를 굴복시켜 앞으로 1년 동안 무기를 잡지 않겠다고 약속을 받아낸다. 우울해진 돈키호테는 병석에 눕게 되지만 결국에는 이성을 되찾는다. 그는 자기의 과거 잘못에 대해 여러 사람에게 용서를 빌고, 친구들에게 자기의 재산을 골고루 분배해 준 뒤 경건한 기분으로 숨을 거둔다.

이 소설은 본편은 52장, 속편 74장으로 되어 있다. 『돈키호테』는 독자로부터 호평을 받는다. 인간이 순수하게 지니고 있는 두 개의 정신세계를 지닌 인물, 즉 이상적인 일면과 현실적인 일면을 두 사람의 작중 인물을 통하여 멋지게 표현했다. 작자는 전쟁에 참여하여 왼쪽 팔을 잃었고, 귀국 도중 해적의 포로가 되어 5년간 노예 생활을 했다.

우리는 관광을 하며 쌓은 추억을 되돌려 이야기하며 창밖의 들판을 구경하는 동안에 벌써 수도 마드리드에 도착했다.

13. 스페인 수도, 마드리드(Madrid)

10세기경 이베리아반도를 지배하던 이슬람 왕국은 당시 수도였던 똘레도를 방어하기 위해 외곽인 이곳 마드리드에 성을 쌓았다.

카스티아 왕 알폰소 6세가 1083년 이곳을 탈환하여 임시 거처로 사용했다. 그 이후 펠리페 2세가 1561년 이곳에 궁전을 짓고 똘레도에서 마드리드로 수도를 옮겼다. 마드리드는 중세 이후 스페인의 정치, 사회, 경제, 문화예술의 중심지가 되었다. 우리는 수많은 사람과 함께 마드리드 솔 광장을 걷고 있다. 가족, 친구, 연인끼리 시간을 보내고 있는 거리 광장 양편에는 여러 형태의 전통 건물이 들어서 있다.

마드리드 솔 광장에는 '마드로뇨'라 불리는 산딸기를 먹는 곰 동상이 있다. 마드리드의 옛 지명으로 불리던 '우르사리아'라는 말로 자주 나타나는 곰을 가리켜 '곰의 땅'이라고 불렀다.

1967년 안토니오 나바로 산타페라 조각가에 의해 동과 돌을 섞어 만든 무게 20t, 높이 4m에 달하는 곰 동상은 세웠다. 그 이후 곰 동상은 시민의 사랑을 받는 마드리드의 상징물이 되었다. 우리 일행은 이 일대 주위를 관광하면서 많은 시민이 몰려들어 곰 동상의 왼쪽 발을 쓰다듬고 있는 광경을 목격했다.

왜, 그러고 있느냐고 물었다. 여기를 쓰다듬으면 마드리드에 다시 오고 행운이 온단다. 그래서 우리도 그와 같이 왼쪽 발을 쓰다듬으며 행운을 빌었다.

스페인에는 마요르 광장이라는 명칭을 여러 곳에서 사용한다. 이곳은 한때 시장터였다. 주위 환경을 개선해서 1619년 바로크 양식의 광장으로 넓히고 시설을 개선해서 가로 90m에 세로 109m의 넓이로 가장 큰 공공광장으로 탈바꿈시킨다. 이 거대한 광장은 축하 행사, 종교의식, 처형 등을 거행해 온 역사를 지니고 있다.

마드리드 솔 광장 곰 동상

마드리드의 마요르 광장은 관광객과 지역 주민이 다 같이 즐겨 찾는 장소로 이곳에는 카페, 상점이 들어선 번화한 광장이다. 이 광장에서 매주 주말에 야외 벼룩시장, 골동품 시장이 들어서고 겨울에는 크리스마스 시장이 열린다. 이곳은 마드리드시의 수호성인 성 이시드로 축제가 열리는 곳이기도 하다. 광장 조성은 펠리페 2세가 1561년 마드리드로 왕궁을 옮겨온 이후 1580년에 처음 시작되었다. 그는 1590년대에 예전에는 제빵사 길드가 자리 잡고 있던 터에 두 개의 탑이 있는 '카사 파나데리아'를 지었다. 탑은 광장의 중심을 이루고 있다.

거리를 따라서 금발 머리에 등허리를 다 내놓고 빨간 옷, 연한 보라 옷을 거친 여인이 활보하고 있다. 둥그런 분수대 계단에 쌍쌍이 앉은 여학생, 연인들이 대화를 나누며 들고 온 음료수를 마시고 이야기꽃을 피우는 장면이 정겹게 보인다.

1616년에 제작된 펠리페 3세의 청동 기마상은 1848년에 이 광장으로 옮겨와 중앙에 자리 잡고 있다. 주변의 건물에 층수를 더 높여 현재의 5층 높이의 건물로 지어 도시를 정비했다. 마요르 광장에서는 투우, 가면무도회, 왕실 결혼식, 대관식 등의 행사가 거행되어 왔다. 그러나 이곳이 항상 단순한 사교적 중심지였던 것은 아니다. 이 광장은 아빌라의 테레사, 이시도르, 프란시스코 등의 성인이 시성 받은 장소이기도 하다.

17세기경 스페인 종교 재판이 성행했을 때 이단자 등 유죄 판결을 받은 이들이 공개적으로 처형당하거나 자신의 신앙을 관중에 드러내 보였던 장소이기도 하다.

마드리드 마요르 광장

스페인 종교 재판은 1478년 아라곤 왕국의 페르난도 2세와 카스티야 왕국 이사벨 여왕 1세가 결혼 후에 두 제국을 합병하고 가톨릭 국가로 만들기 위해 타 종교를 탄압하고 배척했다. 종전은 다종교 사회였으나 가톨릭 국가로 전환되면서 많은 유대인, 무슬림이 가톨릭 신자로 개종했으나 다수의 사람이 이에 반항했다. 그들은 통치력 강화 차원에서 미전향한 자들을 종교 재판에 회부하고 산채로 불에 태워 죽이는 잔악한 형벌이 한때 자행되어 희생한 자가 무려 수십만여 명에 이른다고 전한다. 이러한 잔혹하고 비참한 종교 재판은 1834년 이사벨 2세에 의해 정지되었다.

마드리드 중심가에 구 시장, 산 마구엘 재래시장이 있다. 여기는 다양한 티파스, 햄, 올리브, 와인, 야채, 과일 등 각종 먹거리가 풍부해서 사람들이 북적이며 호객 잡상인의 친절한 안내와 서비스로 인기 높은 장소이다. 우리는 잠깐 재래시장을 둘러보고서 나왔다.

마드리드 왕궁은 스페인 국왕의 공식 거처이며. 동쪽에 위치해 '오리엔테' 궁전이라고도 불린다. 원래 이 자리는 9세기 코르도바의 에미르 무함마드 1세가 건립한 이슬람 요새이었다.

1085년 카스티야 왕이 도시를 탈환한 후에 1561년 펠리페 2세가 왕궁을 이곳으로 옮겼다.

궁전이 화재로 소실되어 펠리페 5세는 불에 강한 화강암으로 재건축하도록 명해서 1755년에 완공한다. 궁전 규모는 방이 무려 2,800개가 되는 어마어마하게 큰 규모의 화려한 궁전이다.

마드리드 구시가지 스페인 광장 서쪽에 있는 세랄보 박물관에는 옛 문헌, 고고학 각종 유물, 유명한 화가 작품이 전시되어 있다.

마드리드 최고의 번화가 그랑비아 거리를 걷고 있다.

넓고 울창한 숲속의 공원 주위에는 희고, 브라운 색의 큰 빌딩이 들어서고 분수대 탑이 우뚝 솟아 있다. 화사한 공원에 하늘로 높이 올라간 야자수 녹색 머리가 인상적이다. 광장 중앙에 스페인의 대문호 세르반테스 기념탑이 보인다. 탑 앞에 소설 '돈키호테' 주인공과 당나귀 동상이 서 있다.

세르반테스 기념상은 그의 생애와 작품을 기리기 위해 세웠다.

세르반테스는 1547년 9월 29일, 스페인의 수도 마드리드 인근의 알칼라 데 에나 레스에서 태어났다. 1569년에 교황의 사절로 스페인을 방문하는 추기경의 비서가 되어 이탈리아로 건너갔다가 베네치아에서 스페인군에 자원입대한다.

28세 때인 1575년 퇴역하여 스페인으로 귀국하던 중에 해적에게 붙잡혀 알제리로 끌려간다. 그는 포로 생활 5년 만에 동포의 도움을 받아 풀려난다. 고국에 돌아온 1584년, 그의 나이 37세 때에 19세의 카탈리나 데 살라사르와 결혼한다.

그 이후 10여 년간 스페인 무적함대 물자 조달 관과 세금 징수관 직책을 수행하다가 비리 혐의로 징역형을 받는다. 그는 감옥에서 '돈키호테'를 구상하여 57세 때인 1605년에 출간했으나 생활고로 경제적 이득을 보지 못하고 출판업자에게 판권을 넘긴다.

말년에는 수도원에 들어가 작품 활동을 한다.

1613년『모범 소설집』, 1615년『돈키호테 제2부』등의 작품을 출간한다. 그가 수도사로 정식 취임했을 무렵 수종증이 악화되어 1616년 4월 23일 69세를 일기로 생을 마감한다. 여기 세르반테스 기념상은 세르반테스와 어떤 연관이 있는 곳이 아닌 장소에 세웠다.

돈키호테 저자 세르반테스 기념탑

공원에는 역사적으로 유명한 위인 조각상이 공원 주위에 즐비하게 들어서 있다. 길거리에 앉아 기타 플레이로 손님을 끄는 거리 악사도 보인다. 여기는 정원에서 거니는 사람들의 휴식처로 친구와 가족, 연인이 즐기는 장소이다.

녹색 둥그런 나무로 조경한 아름다운 마드리드 궁전이 하얀 건물로 바로 앞에 나타난다.

이면도로 포장마차에는 많은 손님이 자리 잡고 음료수와 음식을 먹고 있다.

축제가 열리는 광장에 나왔다. 한편에서는 조명 장치를 설치해 군중을 촬영하고 있다. 많은 사람이 축제 분위기 흥에 겨워 즐거워한다. 장시간 관광 관계로 모두가 피곤해하는 것 같다.

점심때가 되어 그 골목길을 따라 들어가 WOKLE YENDA ORIENTAL 東 음식점에 들어갔다. 우리는 이곳에서 중국 음식을 먹었다.

오늘 마드리드 홀리데이 인 호텔에 투숙한다. 명일 관광을 위해 샤워 후에 잠자리에 들었다. 아침 일찍 일어나 7시에 호텔 식당에서 식사 후에 방에 들어가 짐을 챙겨 나왔다.

버스에 탑승한 우리는 인접 거리에 위치한 스페인의 유명한 푸라도 미술관으로 이동하고 있다. 조용한 지역에 위치한 푸라도 미술관은 외관이 오페라 하우스처럼 아기자기한 2층 건물이다. 건물 전면 중앙 외벽에 그림이 걸려 있다. 양쪽 편에 계단이 있어 2층 전시관에 오르내리기 편리한 구조로 된 건물이다.

14. 스페인이 자랑하는 프라도 미술관(Museo del Prado)

프라도 미술관은 마드리드에 있다.

세계적인 미술관으로 런던의 '내셔널 갤러리', 피렌체의 '우 파치 미술관'과 함께 유럽의 3대 미술관으로 인정하고 있다. 건물 앞에 고야 동상이 서 있다. 많은 관람객이 동상을 배경으로 기념사진을 찍는다.

프라도 미술관은 15세기 이후 왕실에서 수집한 그림, 조각, 예술 작품 등 총 9천여 점 이상을 소장하고 있다. 여기에는 그림 5천여 점 이상, 판화 2천여 점 이상, 주화와 메달 1천여 개 이상, 장식물과 예술 작품 2천여 점 이상을 전시하고 있다.

1819년 박물관으로 열었으나 1868년 이사벨 2세 때 국유화되어 이때부터 프라도 미술관으로 명칭을 바꿨다. 해가 갈수록 미술, 예술 작품이 늘어나 전시 공간 부족으로 1918년 확장공사를 시작해서 시설을 현대화했다.

프라도 미술관

　스페인의 3대 화가로 알려진 엘 그레코, 고야, 빌라스 케스의 작품을 비롯해 유럽의 유명한 화가 작품을 많이 수집해 전시하고 있다.

　프라도 미술관에 전시하고 있는 대표적인 그림은 스페인 화가 벨라스케스의「시녀들」은 1656년 스페인 국왕 펠리페 4세의 마드리드 궁전을 그린 그림으로 왕과 왕비의 거울 속의 그림이 내부와 바깥 공간에 자리하고 있는 것처럼 보이는 영상 그림이 서양 미술사에 가장 중요한 작품 중 하나로 손꼽는다.

　네덜란드 출신으로 스페인 황실의 총애를 받은 히에로니무스 보쉬「일락의 낙원」은 3개의 그림으로 제단 화해서 이루어졌다. 왼쪽은 「에덴의 낙원」. 중앙은 「실낙원의 인간세계」, '오른쪽은 「지옥」을 그려 넣어, 인간이 낙원에서 살다가 현세의 쾌락으로 죄를 짓고, 마침내 지옥에서 벌을 받는다는 영적 상상의 신비성을 보여주는 그림으로 유명하다.

　루벤스「삼미신」은 르네상스 시대 보티첼리와 라파엘로의 영향을 받아 육감적인 여성의 미를 자유로운 채색과 빛을 사용해 더욱더 생생하게 표현한 특색 있는 그림이다.

　틴토레토「세족식」은 예수의 최후의 만찬 전에 제자들의 발을 씻어준다는 요한복음 13장에 기록한 내용을 그림으로 형성 화해서 표현했다. 이 그림은 1548년에서 1549년 사이에 최후의 만찬 그림과 함께 그려진 것으로 추정한다. 그림의 특징은 강한 명암의 교차를 통해서 그림에 원근감을 살려서 나타낸 것이 특별하다.

　그리스 출신인 엘 그레코「삼위일체」는 그림을 수직으로 길게 늘어뜨려 그려서 마치 살아 움직이는 뜻한 화법을 사용해 유명하다. 그 외도 카라바조「다윗과 골리앗」, 엘 그레코의「그리스도의 세례」,「부활」,「성모자」,「오순절」, 스페인 출신 벨라스케스의 「바커스의 승리」. 브레다의「개성開城, 시녀들」, 18세기 후반에서 19세기 초반에 활동한 스페인 출신 프란시스코 고야의「사투루」,「누스」,「옷을 벗은 마하」,「옷을 입은 마하」,「카를로스 4세의 가족」,「몽클로아의 총살」,「마녀의 집회」등 각 시대를 대표하는 작품을 전시하고 있다. 보시의「쾌락의 뜰」루벤스의「사랑의 뜰」도 빼놓을 수 없는 작품이다.

　우리 일행은 마드리드 관광을 마치고 점심을 먹고서 모로코로 가기 위해 이베리아반도 남단 지중해 연안 타리파로 향하고 있다. 타리파로 가는 도중에 밤늦게 세비야에 도착했다. 모 호텔에 여장을 풀고 다음 날 일찍 타리파로 향했다.

고야 동상

15. 스페인의 지중해 관문, 타리파(Tarifa)

타리파는 이베리아반도 최남단 지중해 항구도시이다. 면적은 419.5㎢이고, 인구 1만 8천여 명이 살고 있다. 스페인 안달루시아 자치지역이며, 남서부 카디스 주에 속한 소도시이다. 카디스 주 남부 해안에 위치하며 남동쪽으로 1백여 km 떨어져 있다.

고대 로마 시대에 이 지역에 큰 도시가 있었다는 전설이 내려온다. 무어인이 이곳을 정복한 후 최초로 거주지를 세웠다고 전한다. 주위에 산세가 험악한 돌산에 성곽을 둘러쌓았다. 10세기경에 구축한 구스만성이 바다를 내려다보는 좋은 위치에 자리 잡고 있다. 중세시대부터 융성 발전한 이곳은 많은 문화유산을 간직하고 있다.

구스만성 전경

타리파 항구에서 페리호를 타고서 모로코 팅헤르로 이동한다. 아프리카와 연결되는 교역거점으로 예로부터 스페인 산업발전에 지대한 영향을 주었다. 지중해로 연결되는 타라파는 모로코 당헤르까지 12km이며, 유람선으로 1시간 정도 걸린다.

타리파에 도착한 시간이 12시 정각이다.

지중해성 특유의 하얀 건물과 하늘 높이 솟은 야자수 길을 따라 들어선 작은 포구에는 크고 작은 흰 요트가 길게 닻을 내리고 있다. 따뜻한 햇볕에 미풍이 불어와 상쾌한 바닷바람이 부드럽게 스쳐 지나간다.

　스페인은 국민소득이 1인당 3만 불이고 모로코는 3천여 불에 지나지 않는다. 소득수준 격차가 10배에 이른다. 우리나라의 80년대 초반 생활 수준과 비슷하다. 아프리카 모로코는 모든 생활문화가 스페인과 차이가 크다. 전화 통화료가 스페인보다 5배 이상 비싸므로 국내 전화할 일이 있으면 금일 중으로 끝내라고 가이드는 말한다.

　가이드 말에 의하면 모로코 호텔은 시설이 열악해 모기, 개미, 바퀴벌레가 수시로 나오며 살충제 냄새가 날 수도 있다고 한다. 목욕하면 머리에 새집을 짓는 경우도 있단다. 그만큼 생활수준이 열악해서 좋은 방을 차지하는 것은 개인의 복불복이라고 한다. 아무 물이나 마시면 안 되고 음용수로 생수를 꼭 사서 마시고 1.5l 생수병이 휴대하기 편하단다.

　이렇게 열악한 환경에 있는 모로코를
　"왜, 방문하려고 왔느냐"라고 묻는다면, 이런 어려운 상황에서도 아프리카 땅 밟아 봤다는 자부심이 저변에 깔린 말이 나온단다.

　그래도 모로코는 스페인에 가까워 유럽의 풍물이 곳곳에 스며들어 있다. 일반적으로 모로코 생활은 그렇게 불편을 느끼지 못하나 아프리카 서북부 아래로 내려가면 국민소득이 1인당 300여 불에 지나지 않아 생활이 열악해 불편하고 알제리는 IS 활동으로 위험하단다.

　여행 중에 버스는 며칠간 타리파 주차장에 두고 모로코에서 현지 관광버스를 이용하기로 했다. 그래서 생활필수품, 주요한 물건 외에는 버스 짐칸에 그대로 보관한다.

버스 기사 2명이 현지에서 감시하고 만약 물건 분실 시는 보험에 가입해 보상을 받는다고 한다. 짐이 많으면 배 타고, 계단 오르내릴 때 힘들고, 여행 시 분실 우려 등으로 불편하단다.

휴대용 짐 운반은 선착장 배까지 옮기는 포터(Porter) 서비스와 모로코 현지 가이드에게 여행안내를 맡긴단다. 선착장에 12시 6분에 도착했다. 화장실 이용료 3유로, 포터 서비스 팁 2유로 총 5유로를 지불했다.

고요한 지중해

가이드 말은 모로코는 이슬람 국가라서 돼지, 술을 금기시한단다. 생활관습에 일부 제약이 따르므로 꼭 준수해 주어야 한다고 말한다.

12시 30분경 항구 선착장에 들어서 유람선이 정박해 있는 부두로 접근하고 있다. 대략 3천 5백여 톤이 되는 중규모의 유람선 같았다. 출국신고서 여권을 내보이면 얼굴을 대조하고 직인을 찍는다. 대합실을 거쳐 들어가면 배 티켓을 돌려받는다. 아프리카 입국 신고는 배가 출항 전에 모든 입국 신고를 완료해야 한다. 우리 행렬에 외부인이 끼지 못하게 줄을 좁혀 서서 모든 절차를 끝냈다.

승선하며 주위 시설을 둘러보았다. 배 안쪽 갑판 주차시설이 넓어 보인다. 계단을 밟고서 위층 여객실로 올라갔다. 오늘은 승객이 별로 없어 편안히 자리를 잡아서 앉을 수 있어 좋았다. 드넓은 여객실에 바다가 잘 보이는 창가 쪽으로 좌석을 잡아 앉았다. 여행 중에서 친하게 지내는 일행과 둘레둘레 앉아 서로 여행지에서 체험한 이야기꽃을 피운다. 싸서 가지고 온 커피와 음료수를 나눠 마시고 여유 있는 시간을 보내고 있다. 선실 내 여기저기를 둘러보고 유람선 운항 중에 갑판에 나와 파란 세파가 춤추는 뿌연 수평선을 넘어 저 멀리 바라보고 있다.

옛날 지중해 패권을 가리는 로마와 카르타고 해전을 머릿속에 상상하면서 세찬 바닷바람에 스치는 지나간 역사를 잠시 회상해 보았다.

현지 가이드 모하메드는 비자 여권을 잘 챙기라고 친절히 안내한다. 모로코는 2시간 늦게 가므로 오후 1시 배를 타도 모로코 탕헤르 도착 시각은 11시이다.

현지 가이드가 간단한 모로코 말을 알려준다.

"앗살라무"는 '안녕하세요,' "말레이 꿈' '신의 가호'가 그대에게 "슈크람' '고맙습니다,' 이다.

아프리카 모로코의 해안이 가까이 다가온다. 부두에 도착해 청사에서 간단한 수속을 밟고서 밖으로 나왔다. 처음 밟는 땅이라 새로운 기분이 든다. 필자는 아프리카 땅을 두 번 밟는 다. 첫 번째는 2012년 5월 이집트 여행이고 오늘 모로코 땅이다. 전면에 조그만 둥그런 언덕에 주택이 빼곡히 들어선 마을이 보인다. 집의 형태나 모양새, 규모가 다른 첫인상을 받았다.

정기선 페리호

III. 모로코(Kingdom of Morocco)

모로코 지도

공식 명칭은 모로코 왕국 (Kingdom of Morocco)이다.

면적은 446,550㎢, (남한 4.5배)이고, 전체 인구는 3,350만여 명이다.

수도는 라바트(Rabat)이고, 인구 75만여 명이 살고 있다. 제1

도시 카사블랑카는 410만여 명이 살고 있다.

종족은 아랍계, 베르베르인 99%, 기타인 1%이며, 언어는 아랍어, 베르베르어, 프랑스어를 쓴다. 종교는 이슬람교(수니파) 99%, 기독교 1%이다.

모로코는 이슬람 국가이므로 생활 관습에 금기, 제한사항이 따르므로 준수해야 한다.

위치는 아프리카 대륙의 북서쪽 끝에 있는 나라이다. 대서양 연안국으로 지브롤터 해협, 지중해 사이에 이베리아반도 스페인과 마주 보고, 동쪽은 아틀라스산맥이 둘러싸고 있으며 아프리카 북부에서 가장 높은 투브칼산(4,165m)이 장벽을 이루고 있다. 동쪽과 남동쪽은 알제리와 접경하며, 남서쪽은 서(西)사하라와 국경을 접하고 있다.

기후는 북서부지방은 해양성, 지중해성 기후, 중부지방은 대륙성기후, 남부는 사막의 영향을 받아 건조하다. 지역별로 다양한 기후를 띠고 있다.

화폐단위는 디람(Dirham, DH)화이다. 현재 환율로 1유로는 10디람 이다.

나라꽃은 장미이다.

정치형태는 입헌군주제이며 양원제이다.

왕은 정치와 종교의 지도자로서 절대적인 권한을 가지고 있으며, 직접 총리를 임명하고, 법률을 공포하고 의회를 해산할 수 있다. 모로코 왕가는 이슬람교의 예언자인 무함마드의 후손이다. 무비자로 90일간 체류 가능하다.

국기는 빨강 바탕에 초록색 선의 5각형 국기이다. 초록색은 평화와 자연을 의미하고 5각 별은 이슬람교의 5가지 율법을 나타낸다.

1. 역사적 배경

모로코는 선사시대 대략 100만 년 전에 사하라 지역에 인류가 거주하기 시작한다. 사하라가 사막화가 되기 이전인 기원전 2만여 년 전에 사람이 살기 시작한다.

5천 년 구석기 시대와 신석기 시대에 집단 주거지 형태를 이룬다. 기원전 1천여 년 경부터 페니키아인이 해안지대로 진주해 퍼져 살았다. 내륙지역에는 이곳 원주민인 베르베르인이 정착하고 있었다. 그들의 민족사는 역사적으로 분명하지 않다고 전해 내려온다.

동시에 페니키아인의 후손인 카르타고인은 대서양, 지중해 연안을 따라서 팅해르, 라바트 등지에 항구도시를 건설한다. 기원전 196년경 카르타고가 로마제국에 멸망하자 그들은 내륙으로 깊숙이 들어가 농사와 수렵을 하면서 살았다.

기원후 24년경 베르베르족에 의한 모리타니아 왕국이 출현한다. 기원후 42년경에 로마제국이 재침공해 들어와 직접 통치를 시작한다. 253년경에 베르베르족의 극렬한 저항으로 로마는 영토를 포기한다. 로마군 철수에 따른 힘의 공백을 이용해 게르만계통의 반달족이 스페인 남부와 팅헤르, 세우타 등 아프리카 북부지역을 점령해 해상거점을 확보한다.

　그 이후 비잔틴 제국의 황제 유스티아누스는 반달족을 격퇴하고 북아프리카를 차지한다.

　이슬람교의 군대가 아라비아에서 침공해 들어와 모로코를 정복한 685년 이후 베르베르족도 이슬람화되어 711년 스페인을 공격해 땅을 차지한다. 그 이후 740년경부터 소왕국으로 분열된다. 787년 이슬람교는 수니파와 시아파로 분열된 뒤에 시아파가 수니파의 박해를 피해서 불레이 아드리스의 인솔하에 모로코로 피난해 788년 아드리스 왕조를 세워 모로코 최초 통일왕조가 된다.

　980년경에 알모라비드 왕조는 세네칼, 알제리, 모리타니아, 튀니지, 리비아지역을 정복하고, 안달루시아 지역에 들어와 있는 이슬람 공국들의 지원 요청을 받아 출병하여 발렌시아 등 스페인 남부지역을 재탈환 후 합병하여 이슬람 대제국을 건설한다.

　아틀라스 지방의 베르베르족은 알모라비드 왕조를 멸망시키고 마라케시를 수도로 정하고 알모하드 왕조를 수립한다. 그 이후 수도를 페스에서 라바트로 옮긴다.

　이슬람 왕조는 1212년 스페인 톨로사 전투의 패배로 그라나다를 제외한 이베리아반도의 대부분을 기독교도 연합국에 상실한다. 이후 쇠퇴하여 마라케시 지역만을 지배하다 스스로 망한다. 그 후에 메리니드 왕조가 뒤를 이었다가 1580년경에 와타시드 왕조로 교체 지배한다. 이 시대에는 스페인과 포르투갈의 침략을 받고 오스만튀르크의 압력에도 불구하고 저항하며 나라를 유지한다. 모로코는 고대로부터 근세에 이르기까지 유럽의 강대국과 이슬람 제국의 침략으로 수시로 전쟁이 일어나 바람 잘 날 없는 세월을 보냈다.

1830년 알제리가 프랑스령이 된 후 모로코는 서유럽 국가의 각축장이 되며 분할 경쟁지역이 된다. 특히 1880년대에는 모로코는 서유럽 제국 침략의 대상이 된다.

1904년 프랑스·스페인과의 협상을 통해서 1912년 보호령으로 분할된다.

유럽의 지배를 받던 모로코의 민족주의자들 사이에 서서히 독립운동이 싹트기 시작해 1921년~1926년 아브드 엘크림이 반란을 일으킨다. 다시 제2차 세계대전 후에 반프랑스 해방투쟁을 거쳐서 1956년 3월에 프랑스로부터 독립한다. 같은 해 4월에는 스페인도 모로코의 독립을 인정하고 북부 보호령의 지배권을 포기한다. 또 그해 10월에는 국제관할지대國際管轄地帶 탕헤르, 1958년 4월에는 스페인의 남부 모로코 령도 다시 찾아 입헌군주국 모로코 영토로 통일한다. 그 이후 모로코 알라우이트 왕조가 집권하기 시작한다. 1961년 사회주의자 국왕 벤 유세프가 병사한 후 그의 아들 하산 2세가 즉위한다. 그 무렵부터 모로코는 우익 민족주의로 전향하여 모리타니·알제리와 분쟁을 겪으면서 우호적인 관계를 맺는다. 또 1860년부터 차지했던 모로코 남부 대서양 연안에 있는 지방 스페인영토, 이프니(Ifni)는 1969년에 모로코로 정식 반환한다.

모로코는 1976년 4월 스페인령 서西사하라의 북쪽 반을 병합하고 있는 지역을 반환받으려 노력하고 있다. 그러나 UN과 인접

관련국의 반대로 현재 답보상태에 있다. 하산 2세가 사망하자 왕세자인 모하메드 6세가 1999년 7월 즉위해 오늘에 이르고 있다.

모로코의 유명한 여행가 이븐 바트타(Ibn Battuta)는 세계 최초로 해외여행을 하고서 여행기를 썼다. 그는 1304년 모로코 탕헤르에서 무슬림으로 태어났다. 역사적으로 위대한 여행가 이탈리아 베네치아 공화국에서 출생한 마르코 폴로(Marco Polo, 1254년)의 동방견문록처럼 서방 세계에 잘 알려지지 않았다. 그러나 그는 학자며 여행가로서 개인적인 탐험 정신과 호기심에 무려 26년 동안 인도를 거쳐 중국까지 45개국을 돌아본 기나긴 여정을 기록한 여행기를 썼다. 그 당시 이슬람권의 전 지역과 인도를 거쳐 중국까지 12만 km에 이르는 방대한 여행기록이다. 특히 아프리카, 중앙아시아. 유럽의 다양한 정치, 사회생활과 문화 등 다방면에 대한 여행의 진기록은 후세에 귀중한 역사적인 자료가 되었다. 동시에 그의 주옥같은 문장은 세계문학의 걸작으로 평가받고 있다.

2. 자연환경과 산업발달

모로코는 유럽인들이 쉽게 접근할 수 있는 가까운 곳에 있어 유럽의 문물이 오랜 세월 동안 모로코를 통해서 아프리카 전역에 퍼져 나갔다. 수천 년 동안 유럽과 아프리카를 잇는 다리 역할을 톡톡히 했다. 그래서 유럽과 아프리카 문화가 뒤섞여서 모로코 문화는 신비하고 독특한 분위기를 연출한다. 모로코는 다양한 문화를 접하는 바다, 사막이 있고, 현대 도시와 고대 도시가 공존하고 있다.

모로코의 자연환경은 아틀라스산맥이 가로질러 남북으로 뻗어 있다. 산악지역을 제외하고는 전체적으로 안정된 하나의 육지로 넓고 평탄한 고원을 이루기 때문에 해안 평야의 발달이 극히 미약하다. 북아프리카는 대부분 사막이라 건조하고 비가 적으나 년중 강수량이 더욱 풍부해서 수목이 잘 자라는 녹색지대를 이루고 있다, 서부 대서양 연안에 인접해 해양성 기후로 온화해 날씨가 좋은 편이다.

산업구조는 가죽 제품과 양탄자, 나무 공예품, 보석 등을 생산하고 광물자원도 풍부하다.

천연가스가 나오고 인광석은 세계 제2위 생산국이다.

서비스업종 중 금융, 보험업, 유통업이 발달해 절반을 차지하고 있다. 정보통신, 건설업, 그리고 서유럽과 가까운 이점을 최대한 살려서 세계 유명한 자동차회사가 진출해 관련 부품 제조업, 기타 제조업이 발달해 있다.

국민은 주로 농업에 종사하고 있다. 농산물 수확량은 매년 경제성장률에 지대한 영향을 주고 있다. 모로코는 3,500km에 이르는 긴 해안선이 수산업에 지대한 영향을 주고 있다. 대서양에 있는 라스팔마스섬은 어업기지로서 역할을 톡톡히 하고 있다. 섬을 중심으로 바다에서 걷어 올린 풍부한 수산물을 한데 모으는 집합지와 수산물가공업의 전진기지의 역할을 하고 있다. 서유럽에 가까워 아프리카의 진귀한 풍물을 보러 해외로부터 여행객이 밀려드는 관계로 관광업이 발달해 있다.

3. 모로코의 기후와 생활풍습

　모로코의 기후는 주로 건기 5월~10월과 우기 11월~4월로 나누어진다.
　기후의 특징이 지역별로 뚜렷해서 북부지역은 지중해성 기후로 여름은 고온 건조하고, 겨울은 온화하고 다습하다. 중부지역은 대륙성기후로 여름은 고온 건조하고, 겨울은 한랭해 춥다.
　남부지역은 사막성 기후로 고온 건조하고 주야 간의 기온 차가 심하다.
　여행 시기는 봄 4월~5월, 가을 10월~11월이 좋다.
　북아프리카의 동서를 가로지르는 아틀라스산맥은 수많은 산봉우리가 독특하고 장엄한 풍광을 이루고 있다. 아틀라스산맥의 길이가 2천 킬로미터에 달하고 가장 높은 산봉우리는 4천여 미터가 넘는다. 여름에도 산봉우리에 만년설이 쌓여 있어 신비로우며, 모로코를 북동에서 남서 방향 대각선으로 가운데를 질러 뻗어 있다.
　아틀라스산맥을 넘으면 신비한 사하라 사막이 펼쳐진다. 사람이 대체로 순박하고 치안이 어느 정도 유지되어 이슬람 사원을 관광해도 안전하다.

모로코는 이슬람권 문화이지만 유럽의 영향을 많이 받아 개방적이며 히잡을 착용 안 해도 된다. 바다와 사막지대, 고대도시 메디나와 현대도시가 한데 어울리는 새로운 풍경이 살아 숨 쉬는 매력적인 나라로 다양한 문화를 체험할 수 있어 좋다.

정부 예산의 20%를 교육에 투자해 무상교육을 하고 있으나 국민 60%가 문맹이다. 국민의 대다수가 이슬람교를 믿고 있어 종교는 모로코 국민의 생활 관습에 지대한 영향을 주고 있다. 이슬람국가는 술과 돼지고기를 먹지 않는다. 그들은 일부다처제로 부인 4명까지 둘 수가 있다. 통상 2번째 부인을 얻는 경우 첫째 부인의 승낙과 서명이 필요하다. 주택부터 가구, 차량 구입도 똑같이 해 주어야 한다.

모로코를 방문하는 여행 기간이 마침 라마단 기간이다. 6월 6일부터 7월 5일까지 대략 1개월 기간이다. 한 달 동안 일출에서 일몰까지 매일 의무적으로 음식과 물을 단식하고, 해가 지면 금식을 중단한다. 그리고 규칙적으로 기도하며 음식과 행동에도 자제하는 기간이다.

어린이나 병자, 임산부는 의무가 면제된다. 라마단이 끝나는 날은 양을 잡아 대문에 양피를 발라 액운을 때우는 풍속과 양 머리를 문 앞에 내어 놓는 관습이 있다.

모로코의 특산품은 색이 다채롭고 금으로 수놓은 화려한 전통 신발인 여자용 바부시(Babusi)와 슬리퍼 일종으로 신고 벗기 편리한 발기, 따뜻하고 저렴하며 마법사 복장과 유사하고 소매에 뾰족한 모양의 후드가 달린 남자 전통의상 질레바(Diellaba), 희귀종 아르간 나무 열매에서 추출한 오일로 피부 영양, 보습효과가 뛰어나고 염증, 여드름 치료에도 좋은 아르간 모일(Argan) 이 유명하다.

4. 모로코의 대서양 관문, 탕헤르(Tangier)

  대서양 지브롤터 해협 스페인 타리파와 마주 보고 있는 탕헤르는 유럽의 첫 관문이다. 스페인보다 시차는 2시간 늦게 간다. 기온은 통상 섭씨 24~25도 정도 되는 쾌적한 온도이다. 모로코 북부의 탕헤르 주의 주도이며 지중해 지브롤터 해협에 면한 항구도시이다. 탕헤르 왼쪽은 파도가 거친 대서양이고 오른쪽은 고요한 지중해이다.
  스페인 타리파에서 모로코행 페리에 탑승해 처음 닿는 곳이 탕헤르 항구이며 오가는 관광객이 많다. 넓이는 1,195㎢이고, 인구 70만여 명이 살고 있다. 서유럽과 북아프리카를 잇는 교통요지이다. 아프리카 대륙의 북서쪽 대서양과 지중해 연안에 접한 근대적인 항만시설을 갖추고 있다.
  탕헤르는 중세 시대 8백여 년 동안 아랍 왕조의 지배를 받았다. 오랜 세월 동안 지브롤터 해협의 패권을 가르는 전략적 요충지이어서 포르투갈·스페인·영국 등에 의해 영토 쟁탈전이 벌어져 주인이 자주 바뀌다가 1648년 모로코령이 되었다.
  1800년대에 들어와 다시 유럽 열강의 표적이 되었다가 1902년 스페인-프랑스 조약에 의거 국제도시로 선포된다. 1912년 프랑스와 스페인이 모로코를 분할 통치하면서 1914년 국제도시의 지위를 재차 확립한다.

탕헤르 항구 지역

구형 캐딜락

제1차 세계대전 후인 1925년 6월 영세중립의 국제도시로 재탄생한다. 제2차 세계대전 중 스페인에 다시 점령된다. 1945년 8월 국제도시로서 다시 지위를 회복하고 국제 관리기관이 설치되어 관리하다가 1956년에 들어와 원래의 주인인 모로코에 반환된다.

그 이후 활발했던 자유무역항으로의 역할이 소멸되어 경제적으로 쇠퇴기에 접어든다. 1962년 항구의 일부를 자유무역지구로 재 지정해 그 이후부터는 옛날처럼 활기가 되살아났다.

탕헤르는 국제 자유무역항뿐만 아니라 지중해 연안의 휴양지로서 유럽의 예술가, 문인, 은행가 등이 들어와 살았던 곳이다. 대서양 연안에 있어서 원양어업이 활발하다. 그리고 조선·섬유·타이어 공업이 발전하고 신구 시가지가 구분되어 서로의 특징을 잘 보존하고 있다.

탕헤르 항구에 도착해 잠깐 수속을 밟고서 청사 밖으로 나왔다. 시내 거리로 들어섰다.

점심때가 되어 중국식 전문식당으로 들어갔다.

탕헤르 시내 거리

넓은 식당에는 붉은 양탄자가 깔려있고, 한쪽 편에 손님 접대용 화려한 소파가 놓여 있다. 그곳에서 중국식 음식을 먹고서 나와 거리를 걷고 있다. 거리를 따라서 크고 작은 건물이 도로를 따라서 쭉 들어서 있다. 스페인과는 조금 다른 모양의 주택과 거리를 거닐고 있다. 사람의 얼굴, 피부가 스페인 사람과 완전히 다르다.

현대화한 택시 마차와 차고에 낡은 캐딜락 2대가 우리의 눈길을 끈다. 도로에 달리는 차량은 어디에서나 볼 수 있는 여러 형태의 평범한 일반 차가 운행하고 있다.

탕헤르의 볼거리는 좁은 골목길 재래시장에서 펼쳐지는 삶의 현장을 몸소 체험할 수가 있어 좋았다. 우리 일행은 탕헤르 일대를 관광하고 다음 행선지 라바트를 향하여 이동하고 있다. 주위를 관광하며 3시간여 만에 라바트에 도착했다.

5. 모로코 수도, 라바트(Rabat)

　라바트는 모로코의 수도이며, 왕이 머무는 궁전, 정부 기관, 의회가 있고, 정치, 사회, 행정, 문화의 중심지이다.
　여기는 대서양 연안에 있는 아름다운 도시로서 경치가 뛰어난 항구도시이다. 드넓은 모스크 대지에 미완의 하산 탑과 이슬람 사원이 널려 있다. 그 외 관광지로 리바트 동쪽에 있는 모하메드 5세 왕릉, 하산 탑은 리바트를 대표하는 건축물로서 높이 44m, 길이 16m로 정사각형의 큰 건물이다. 아이보리색의 건물 외관과 실내장식이 아름답고, 묘 주변에 수십 개의 3~5m 높이 돌기둥이 질서 정연하게 세워져 있다. 사원 외곽에는 고대 붉은 성채와 흰 건물이 들어서 있다.
　12세기경 이 탑의 공사를 지휘했던 알모하드 왕조의 3대 왕이 죽으면서 완성을 보지 못하고 거대한 탑의 유적으로 남게 되어 아쉬운 마음을 금할 수가 없었다.
　여기는 모로코 시민의 휴식장소로서도 많이 이용하고 있다. 동시에 북쪽 성채인 카스바 우다이야의 아름다운 풍경은 모든 관광객의 눈길을 사로잡는다.
　리바트 근교의 셀라에 붉은 성채와 모스크는 그 시대의 모습을 잘 표현하는 장소라고 한다.
　하산 탑 주위 외곽은 야자수가 미풍에 흔들리며 빨간 바탕에 오각형 검은 별 모로코 국기가 바람에 휘날려 아름다운 운치가 감돌고 있다.

모로코 어린이와 기념사진

　모스크 정문 앞에 청색 흰 반점 모자에 붉은 망토를 어깨에 걸치고 흰옷의 이슬람 정통 복장을 한 이맘(사제)과 노란색 옷을 입은 어린이가 서로 대화를 나누는 모습이 한가하고 평화스럽게 보인다. 여기 사원 주위는 청결한 환경에 조경이 잘 되어 있어 쾌적한 분위기를 주고 있다.

　순례 목적으로 방문한 어린이는 고유의 정통복장을 하고, 일부 소녀는 히잡을 쓰고 긴 의자에 앉아 대화를 나누며 쉬고 있다. 어린이를 좋아하는 아내는 그 속에 들어가 어울린다. 필자가 그 모습을 보고서 추억의 기념사진을 찍었다. 어린이들은 모두 반가워 손을 흔들어 환영 인사한다. 이제 라바트 관광을 마치고 카사블랑카로 이동하고 있다. 버스로 2시간 소요된다.

6. 유명한 영화 제목, 카사블랑카(Casablanca)

모로코 왕국의 대서양 연안에 있는 아름다운 항구도시이며 영화 제목으로도 유명하다.

카사블랑카는 모로코 제1의 도시로 '하얀 집'이라는 뜻이다. 옛날부터 베르베르인의 어업 항구였다. 1200년대 파괴된 고대도시 자리에 포르투갈인이 들어와 건설했다고 전한다.

이 도시는 1757년 모로코 술탄에 의해 점령된다. 그 이후 무역항구로 재건되었다. 1900년대 사업목적으로 정착하는 사람이 많아서 도시기능이 더욱 활기를 띠기 시작한다. 1906년에는 해외로 거래되는 물동량과 무역액이 탕헤르를 앞질러 모로코 제1의 항구 도시로 발 돋음 한다.

1907년 프랑스가 침공해와 점령한다. 1912년 페스 협정에 의해서 사하라 사막 이북은 모로코, 스페인이 사하라 사막 이남은 프랑스가 분할 통치해 근대적인 항만 도시로 건설한다.

1956년경 미국 대통령 윌슨의 민족자결주의에 따라서 외세에 짓눌려 있던 모로코는 모하메드 5세에 의해 독립해 실지를 완전히 회복한다.

아프리카의 역사를 되돌아보면 북부지역은 고대 로마 시대부터 통치를 받다가 이슬람의 세력팽창으로 근 8백여 년 동안 지배를 받는다. 그 이후 중세기 유럽의 강대국 영국, 스페인, 프랑스, 포르투갈의 영토 분할 각축장이 되어 외세에 바람 잘 날이 없었다. 근세 들어 제2차 세계대전 시는 독일과 연합국 간의 치열한 전쟁터가 되어 많은 희생을 치르고 기사회생으로 살아남은 약소국이다.

8만여 명을 수용하는 거대한 이슬람사원

카사블랑카는 아프리카 북서부에서 가장 큰 도시이며, 상공업의 중심지이기도 하다.

모로코 공업 생산의 90%가 이 도시와 주변 지역에서 나온다. 수도 라바트로 통하는 도로 연변의 동부와 북동부는 큰 공업지대를 이룬다. 이곳에서 섬유, 전자, 통조림, 음료 등 관련 산업이 발달해 있다. 도시 인접에 국제공항이 있으며 철도·도로망의 중심지 역할을 한다.

모로코 수출입 무역 물동량의 대부분을 이곳에서 차지하고 있다. 항만 근처에 '구舊메디나'는 옛날 아랍인이 조성한 시가지이다. 오랜 세월 동안 살아온 현지인의 일상을 들여다볼 수 있는 토속적인 향기를 느낄 수 있어 좋았다.

일부 남아 있는 고대 성벽, 미로와 같은 좁은 골목, 각종 물품을 늘어놓고 파는 재래시장, 흰 벽의 가옥이 도시를 둘러싸고 있다. 근대적인 프랑스식 신시가지와 비교되는 길거리 풍경은 이색적인 모습으로 다가온다.

　제2차 세계대전 중인 1943년 1월 연합군 정상회담을 이 카사블랑카에서 개최했다.

　카사블랑카는 해양성 기후로서 년 중 온화하고 강수량도 적당해서 사람 살기 좋은 상업 도시이다. 도시에는 수많은 공원과 해수욕장이 널려 있어 세계적인 휴양지로도 유명하다.

　모로코의 수도를 라바트가 아닌 카사블랑카로 일반인이 착각할 정도로 도시가 현대화되어 모로코를 대표하는 국제도시이다. 이슬람 세계에서 가장 자유스러운 도시로 정평이 나 있다.

　하산 2세 사원은 구시가지 북쪽 끝 세찬 파도가 넘실대는 대서양을 내려다보는 좋은 위치에 있다. 1993년 완공한 이슬람사원으로 210m 높이의 탑과 사원, 광장 등 8만여 명을 수용할 수 있는 거대한 광장이다. 무어 양식의 빼어난 건축물로 이름나 있다. 카사블랑카의 상징물인 세계 3위의 대사원은 웅장한 모습이 시내 어느 곳에서도 조망이 가능하다.

공예 전문점

지역이 넓어서 여기저기 돌아다니며 구경하기도 힘들 정도로 넓고 크다.

부산에서 온 김상기 회장은 사원 광장에 새겨 놓은 섬세한 문양과 건축양식에 매료되어 구경하느라 함께 여행 온 일행을 놓쳤다. 어디서 움직이는지 꼬리가 안 보였다. 아무리 주위를 둘러보아도 찾을 길이 없어서 처음 도착한 장소에 가보아도 일행의 흔적을 찾을 수가 없었다. 그는 마냥 그 자리에 서서 친구를 기다리고 있었다. 광장 저 끝머리에서 몇 사람이 어른거리는 모습이 보여서 그리로 걸어갔다. 그를 본 일행은 반가워 손짓한다.

그들은 건물에 가린 외딴 장소 길모퉁이에 버스를 세워 놓고 그가 오기를 기다리고 있었다. 전후 이야기를 들어본 그는 사원 광장을 구경하고 몇 시에 어느 장소로 모이라는 말을 못 들었단다. 이유인즉 다른 곳에 떨어져 있어 가이드의 공지사항을 듣지 못해서 일어난 해프닝이었다. 넓은 지역에서 이동하며 관광할 때는 반드시 가이드 근접 거리에서 주요 사항을 귀담아들어야 착오가 없다.

카사블랑카 등대는 하산 2세 모스크 서쪽 개펄 바다 끝 건너편 저 멀리 떨어진 외딴곳에서 희미하게 보인다.

우리 일행은 다음 여행지로 이동하고 있다.

구시가지 메디나는 성곽 안에 있다. 오랜 역사의 향수와 현지인의 일상생활을 들여다볼 수 있는 재래시장은 이국적인 풍경이 서려 있다.

많은 행인이 거니는 골목길에 호떡처럼 생긴 둥그런 빵과 빈대

떡 모양의 넓은 빵을 좌판대에 포개 놓고 팔고 있다. 한쪽에서는 신선한 오이, 당근, 고추 등 야채류, 한쪽은 오렌지, 바나나, 망고 등 과일 종류, 한편은 마른 너트, 열매 종류를 큰 플라스틱 용기에 담아서 팔고 있다.

다음은 모로코의 전통 골동품점에 들렸다. 황금문양 그릇, 놋쇠 그릇에 미세한 그림과 세공을 입힌 황금 쟁반, 화려한 무늬의 도자기, 휘황찬란한 오색등 등 귀중품, 고가품을 파는 전문점에 들어가 제품, 가격, 용도 등을 물으며 구경했다.

가장 혼잡한 거리는 모하메드 5세 광장이다. 여기는 시장통에다 거리공연, 출, 퇴근 차량이 한데 뒤엉켜 혼잡한 모습을 보여주고 있다.

『카사블랑카』 영화 제목 때문에 세계적으로 유명한 도시가 되었다.

그 영화는 미국 할리우드 세트장에서 거의 만들어졌으나 현지 카사블랑카에서 역사가 이뤄진 것처럼 생생하게 잘 꾸며서 만든 영화이다. 영화 포스터에 그 당시 인기 끌던 유명한 남녀 주인공의 얼굴이 나온다.

카사블랑카에 사는 한 미국 남자의 옛사랑에 대한 미련과 그를 위한 희생을 그린 흥미진진한 미국 영화이다. 1942년 워너브러더스사가 제작한 흑백영화이다.

1941년 파리가 독일군의 수중에 떨어졌다. 그 당시 북아프리카의 프랑스령인 모로코의 항구도시 카사블랑카에는 유럽에서 밀려온 정치 망명객·피난민·각국 스파이 등이 득실거리고 있을 때였다. 파리에서 반나치 투쟁의 거물 빅터 라즐로(P. 헨리드)는 아내와 함께 이곳에 잠입해 들어왔다. 그 무렵 카사블랑카에서 '카페를 운영해 돈을 많이 번 주인 리크(험프리 보가트)가 있었다, 파리에서 지내던 시절의 옛 애인 일자(잉그리드 버그만)를 자기 가게에서 우연히 만난 리크는 과거에 이르지 못한 옛사랑을 위해 일자를 붙잡아 두고 싶은 생각에 잠을 못 이룬다. 그 순간 착잡한 감회와 깊은 번민에 빠진 리크는 게슈타포의 스트라서 소령(K.파이트)이 이들 부부를 체포하기 위해 은밀히 뒤를 쫓고 있다는 사실을 알게 된다. 옛 애인의 행복을 위해 미국으로 탈출시키는데 위험을 무릅쓰고 그 부부를 도와 성공시키는 영화이다.

리크가 어렵사리 마련해준 여권으로 비행기 트랩을 오르는 순간, 라즐로와 그의 아내 일자의 눈에는 감격과 회한의 눈물이 얼굴에 흘려 내린다. 그 순간 라즐로 부부를 태운 비행기는 밤하늘을 가르며 날아가는 영화 장면이 클로즈업한다. 그 영화는 감명 깊어 인기리에 상영되었다. 1943년 아카데미 작품·감독·각색상을 받았다. 한국에서는 1957년에 개봉되었다고 한다.

그 이후 영화 제목처럼 명성을 얻은 카사블랑카는 세계인의 입에 오르내리게 된다.

우리 일행은 호텔 카사블랑카에 투숙했다. 호텔은 룸 105개를 보유하고 있다. 우리 부부는 303호로 배정받았다. 오랜 기간 여행 관계로 피로해 샤워 후 조금 쉬다가 잠자리에 들었다.

명일 기상은 4시, 조식 5시, 출발 시간은 6시이다.

7. 옛 영광의 그림자, 마라케쉬 (Marrakesh)

　모로코 중남부에 있는 고대도시이다. 9세기 베르베르인의 수도로 건설한 페스 다음으로 오랜 역사를 지니고 있다. 마라케쉬는 1,000여 년이 지난 지금까지 도시 전체가 거대한 박물관이며, 문화 예술의 중심지 역할을 한다.
　도시 전체가 거의 붉은색을 띠고 있어 '붉은 도시'라고도 불리며 해가 서산으로 넘어갈 무렵은 온천지가 붉게 물드는 분위기를 연출한다.
　열대지방 특유의 쭉 뻗어 올라간 야자수는 미로처럼 얽혀있는 구시가지의 이정표 역할을 독특히 하는 희귀한 풍경을 연출한다.
　마라케쉬는 1,062년 알로라비드 왕조의 술탄 유세프 빈타치핀에 의해 도시가 형성되었다. 시내 정원에는 아직도 물을 공급하는 지하 관개수로가 미로처럼 뻗어 나 있다.
　마라케쉬는 코트비아 모스크 궁전, 박물관 등을 잘 유지하고 있는 유서 깊은 고대도시이다.
　도시 안에 제마엘프나 광장은 시내 한 폭 판에 넓게 차지해서 시민의 문화, 생활공간으로 이용하고 있다. 사람이 모여들다 보니 여러 가지 코브라 쇼, 원숭이 쇼, 문신 헤나로 관광객을 유혹한다. 특히 피리를 불면 몸을 좌우로 흔들며 나오는 코브라 쇼는 지나가는 관광객의 눈길을 끈다. 해 질 무렵 시민, 관광객이 많이 모여들어 더욱 활기를 띤다.

이슬람 성곽의 모습

　마라케쉬 재래시장은 제마 엘프나 광장에 붙어 있어 구경하기 좋다. 좁은 골목에 거미줄처럼 얽힌 시장통을 걸어가다 보면 자신이 어디에서 움직이는지 모른다. 여기는 모로코에서 생산하는 전통 향신료, 찬란히 빛나는 아라비안 그릇, 은은히 향기 나는 아르간 오일 전문점, 고급의류, 장신구가 가득한 액세서리 전문점 등 다양한 상품을 전시해 팔고 있다. 사람 사는 냄새가 나는 이곳은 상인의 왁자지껄 요란한 소리가 진정한 삶의 현장 목소리이다.

　바자르 상점가는 고급상품과 저가상품을 동시에 취급하므로 가격과 품질의 선별능력이 있어야 한다. 또 제시한 가격에 50% 할인한 가격부터 흥정에 들어가야 바가지를 안 쓴다.

　맛집 음식은 메뉴에 표시한 가격을 미리 알고서 먹을 만큼 주문해야 한다. 함부로 주문했다가는 음식이 계속 나와 나중에는 엄청난 낭패를 본다.

　그 외 볼만한 곳은 14세기에 지어진 엘바다 궁전, 12세기 코트비아 사원, 여러 가지 쇼를 벌이는 민속축제가 볼만하다.

8. 모로코의 영혼이 살아 숨 쉬는 페스(Fes)

  모로코 중북부 언덕 산기슭에 자리 잡은 페스는 서기 700년경에 이룩한 고대도시이다.
  대서양과 지브롤터 해협을 사이에 두고 유럽에 근접해 있는 페스는 모로코에서 카사블랑카, 마라케시에 이어 제3의 큰 도시로 인구는 95만여 명이 살고 있다.
  페스의 구시가지 메디나는 이슬람 왕조시대 생활풍습이 오랜 전통을 간직한 채 내려오고 있다. 1900년대 초까지 모로코 왕조의 수도로서 정치, 경제, 사회, 문화, 예술, 학문의 중심지 역할을 했다. 페스는 고유의 전통문화가 살아 있어 세계문화유산으로 등재되었다.
  메디나는 아랍어로 '도시'라는 뜻이다.
  성안에 조성한 메디나의 미로는 외적이 쳐들어왔을 때 함부로 도시 중심에 접근하지 못하도록 아주 좁고 복잡하게 만들어진 골목길이다.
  전통시장인 바자르(Bazzar)에 펼쳐지는 가죽 제품, 도자기, 직물, 향신료, 양탄자를 겹겹이 쌓아 판매하고 있는 점포, 액세서리를 취급하고 있는 기념품 전문점, 집 한 채 값의 골동품 실크 이 펫이 내걸린 점포는 그 어마어마한 가격에 놀란다.

전통시장 바자르(Bazzar)

인간사 온갖 잡다한 소음으로 가득 찬 시장통은 손님을 끄는 호객 소리, 유혹의 목소리, 상인의 가녀린 속삭임과 무언의 눈짓, 손짓, 몸짓 등이 한데 어울려 고유한 삶의 현장이 묻어난다.

바로 앞에 등에 잔뜩 실은 누런 황색의 비쩍 마른 당나귀가 힘에 겨워 머리를 길게 늘어뜨리고 커다란 눈방울을 내리깔고서 비틀거리며 지나가고 있다. 당나귀 사이 곁으로 피해 가는 행인들, 차도르를 걸친 뚱뚱한 여인, 히잡을 두른 가녀린 여인이 골목길을 거닐고 있다.

피혁 제품을 가득 실은 당나귀

이슬람 사람이 좋아하는 초록색의 벽과 대문은 유난히 특유의 빛깔을 발산한다. 메디나 거리에 오래된 옛 사원과 이슬람 학교, 염색공장과 궁전, 목욕탕과 찻집이 끝없이 펼쳐진다.

좌측 상의 파란 옷 입은 작업자가 무두질하는 모습

11세기부터 번성한 페스는 여전히 수백여 년 전의 옛 모습을 그대로 간직하고 있어 이슬람의 전통과 문화가 살아 숨 쉬고 있다. 세계에서 가장 크고 복잡한 골목길 미로는 지금도 무려 9,400여 개에 달한다고 한다. 이국적인 그림자가 그곳만의 야릇한 시장 풍경을 자아내고 있다.

어느 꼬불꼬불한 골목길을 지나 계단을 통해서 건물 옥상으로 올라갔다. 훤히 시야가 트이며, 드넓고 허름한 주택지가 눈앞에 다가온다. 저 멀리 둥그런 야산으로 둘러싸인 분지 형 마을은 온통 회색빛 낡은 대소 건물이 꽉 들어차 있다.

전면에는 집마다 염색공장이 들어차 있다. 큰 창고형 건물 안에 색깔별로 둥그런 통이 10여 개씩 수십여 개가 빼꼭히 들어차 마치 벌집처럼 생겼다. 여기서 공정별로 가죽 제품이 만들어진다. 주위에 지독한 염색약 냄새가 풍겨서 코를 찌른다.

가죽 제품 만드는 공정순서를 설명한다. 여러 개의 크고 둥그런 원통 안에 가죽을 넣는다. 작업자는 허벅지까지 올라오는 장화를 신고서 수조 통에 들어가 밟으며 가죽염색 수작업 무두질을 계속해댄다. 동물의 생피를 석회수에 며칠 담가서 가죽이 부드럽게 된 후에 물로 깨끗이 씻어낸다. 그 후 나무껍질, 민트, 인디고, 사프란 꽃의 천연염료로 서서히 물들인다. 이때 염색이 잘 들도록 비둘기, 염소, 소의 배설물을 섞어 휘저어 걸러낸다.

장인의 손에서 털을 벗기고 무두질과 염색까지 하는 중세 시대의 공정방식을 그대로 따른다고 한다. 고래로부터 염색재료로 비둘기 똥, 소의 오줌, 재와 같은 천연재료를 최대한 사용하는 만큼 이곳은 상상을 초월하는 고약한 냄새로 주위 공기를 오염시켜 오래 못 있는다.

우리는 잠시 그 작업광경을 내려다보고서 되돌아 나와 골목 안 완제품을 판매하는 점포에 들어갔다. 대소 가방을 벽면에 걸어 전시하고 좌판대에 가죽 제품을 수북이 쌓아놓았다. 각양각색의 가죽 소품, 지갑, 손가방, 꽃처럼 만든 그릇, 접시 쟁반, 다양한 여자용 신발, 슬리퍼 등 화려한 색깔의 다용도 가죽 제품이 널려서 저마다 유혹한다.

우리는 주변에 천연가죽 공장이 모여 있는 그곳을 나와 골목길을 걷고 있다.

시장에는 가방, 신발, 가죽옷, 방석을 늘어놓고 파는 포목점이 길을 따라서 즐비하다. 좁은 골목길을 이리저리 헤집고 다니고 있다. 수많은 제품을 전시 판매하고 있어 호기심에 주위를 두리번거린다. 특이하고 화려한 무늬의 신부 옷을 걸친 마네킹은 이국적인 모습에 너무 예쁘게 보인다.

우리 일행은 그곳에서 나와 다른 곳으로 걷고 있다.

비단 수건으로 얼굴을 가리는 히잡

이번에는 비단을 전문으로 파는 점포에 들어가 품질, 무늬, 가격을 물어보았다. 비단 수건으로 얼굴을 가려 히잡 대용으로 쓰는 방법을 읽히고 거울을 들여다보니 모로코 전통 여인의 모습으로 화사하게 비친다.

한동안 여러 제품을 들여다보고 나와 골목길을 걷고 있다. 옆으로 스쳐지나 기는 사람들이 발길을 멈추고 웅성거리는 곳으로 눈길을 돌린다. 왜, 그럴까 하고 주위를 살펴보았다. 외국에서는 어디 가나 조심해야 할 일이 많다. 집요하게 추적하며 따라붙는 거리상인과 소매치기의 조심스러운 밀착과 발걸음 소리까지 신경을 곤두세워야 한다.

서기 789년, 이드리스 2세에 의해 도읍으로 정해진 페스는 13세기 메리니드 왕조시대에 가장 번성했다. 이후에도 오랫동안 모로코의 신앙, 학문, 문화예술을 주도해서 '지적인 왕도'로 불려 내려왔다.

세계 최대의 미로 같은 골목길, 구시가지 메디나에 사는 모로코인은 신앙심이 가장 깊고, 문화적으로 가장 세련되고, 예술적 감각이 뛰어난 정신세계에서 살고 있다고 스스로 자부한다. 그래서 가장 앞서 달리고 있는 곳이 페스라고 자신들을 위안하며 살아간단다.

'중세' 시대, 유럽은 모든 정치, 사회, 문화가 암흑기를 맞고 있었다. 그 무렵 이슬람 세계는 여러 학문의 지식을 쌓고 넓혀서 찬란한 지성의 탑을 쌓아가고 있었다. 그중에서도 모로코 왕국의 수도였던 페스는 1351년 메리니드 술탄 보우 이난에 의해서 세계 최초로 신학대학(College of Theology)을 설립해서 운영했다.

이곳에서 과학과 여러 학문을 배운 수학자와 과학자, 철학자들이 이베리아반도로 건너가 유럽의 암흑시대를 깨웠다고 전한다. 이슬람 세계의 종교와 문화예술, 학문의 중심지였던 페스는 여전히 모로코의 심장 역할을 하고 있다.

시장통에 인접한 신학대학 교실에는 수많은 사람이 교육을 받고 있다. 사제는 이슬람 특유의 파란 옷을 두르고 파란 모자를 쓰고서 열심히 학문을 가르치고 있다.

근세에 들어와 유럽 열강의 각축장이 되어 지배를 받던 모로코는 페스에서 자주독립과 문화 운동이 일어나 독립을 쟁취하는 데 큰 역할을 했다고 전한다.

우리 일행은 골목길을 돌아다니며 시장의 온갖 삶의 풍경과 현장을 체험하고 이리저리 헤매던 미로에서 밖으로 나왔다. 한 시대 인간의 삶이 한 장의 그림으로 머리에 어른거린다.

이제 모로코의 주요 고적과 유적 그리고 고유한 전통 생활양식을 두루 살펴보았다.

아름다운 야자수가 무성한 정원에서 시가지를 바라보는 영상은 환상적인 풍경으로 다가온다. 북아프리카 모로코 여행은 짧은 기간 동안 여러 곳을 여행해야 하므로 통상 새벽 4시, 아침 식사 5시, 출발은 6시에 이루어진다.

저녁이 되어 탕헤르 힐튼 호텔에 여장을 풀었다. 뉴욕 유엔본부처럼 휘어진 최신형 호텔이다. 호텔시설이 깨끗하고 좋다. 룸 428호에 투숙했다.

저녁 식사를 하고서 창문을 통해 밖을 내다보았다. 길 따라 질서 정연히 들어선 가로등에서 노란색 불빛이 가물거리고 하늘 중천에 뜬 달은 운무에 가려 바람에 구름 가듯 흘러간다. 파란 밤하늘 무수한 별을 바라보고 호화찬란한 시가지의 야경을 뒤로하고 내일을 위해 잠자리에 들었다.

지난밤의 정취를 못 잊어 창문을 열고서 동녘 바다 수평선에서 떠오르는 찬란한 붉은 태양을 바라보고 있다. 동서양 어디를 가나 붉은 태양은 우리의 가슴을 뜨겁게 달군다. 이 눈부시게 비추는 태양, 드넓은 바다, 점점이 박힌 섬과 육지를 두루 돌아가며 바라보고 있다. 바다에 출렁이는 파도가 해안에 부딪쳐 흰 물거품을 일으킨다. 이 모든 자연의 풍경이 아름다운 정경으로 다가온다.

일몰 후 달이 중천에 떠 있는 모습　　붉은 태양이 솟구치는 모습

호텔에서 바라본 시내 전경

아침 식사는 간단한 뷔페식이다. 모든 용무를 마친 우리는 이제 스페인으로 넘어가기 위해 탕헤르 부두로 출발한다.

한 참 운행 중에 제주도 여행객이 호텔에 가방을 두고 왔단다. 그래서 다시 돌아가 가방을 찾아오는 통에 시간이 좀 지체되었다. 그래서 이동 시는 미리 짐을 잘 챙겨야 한다.

9. 지중해 연안 항구, 세우타

지중해는 통상 파도가 없는 고요한 바다이다. 그러나 바람이 불고 파도가 일면 상황이 달라진다. 강풍으로 심한 풍랑이 일어 스페인 타리파 항구가 폐쇄되었다는 소식이 들려왔다.

탕헤르에서 출항을 못 하고 지중해 연안으로 깊숙이 들어가고 있다. 산등성이를 돌고 돌아 해안가 도로를 따라서 이동하고 있다. 바다와 산이 맞닿는 지역에 간간이 어촌 마을이 나타났다 사라진다. 산등성이에는 큰 나무는 없고 작은 수풀이 무성하게 덥혀 있다. 아마도 해풍 때문에 나무가 잘 자라지 않는 모양이다.

한참 달려서 항구주위에 여러 공장이 있는 공단 지역에 도착했다. 여기는 지중해 안쪽에 있는 세우타(스페인령) 항구이다. 부두에는 크레인이 여러 대가 공중에서 움직이며 컨테이너를 적재하고 있다. 인접에 넓은 주차장에는 대소 차량이 들어서 있다. 좀 깊숙이 들어간 장소에 커다란 저유탱크가 여러 개 보인다. 부두에는 유조선, 컨테이너선, 카페리 선이 여러 척 정박해 있다.

유람선

　우리 일행은 출국 수속을 밟고서 페리호에 승선했다. 스페인 타리파 항구까지 1시간 소요되는 거리를 세찬 파도를 안고 달려서 2시간 걸린다고 한다. 종전에 탔던 페리보다 제법 크다.

　현재시간 07시 30분이다. 출항시간임에도 불구하고 마냥 지체한다. 1시간이 늦어서 출항한다. 선실에는 승객이 별로 없다. 좌석이 많이 남아돈다. 선실을 둘러보고 끼리끼리 앉아 대화를 나누며 시간을 보내고 있다. 배 앞머리 라운지에는 면세점과 간이식당, 스낵 점이 있다.

　아내에게 선실 내 시설을 둘러보라고 했더니 갑판 문을 열고 밖으로 나가 이리저리 구경하고 있다. 바람이 세차게 불고 사람이 없는 선상에 혼자서 겁도 없이 돌아다닌다. 필자는 깜짝 놀라 재빨리 선내로 데리고 돌아왔다.

　가까이 다가오는 영국령인 지브롤터 항구의 풍경이 너무 아름답게 눈에 들어온다.

　파란 하늘에 흰 구름이 시가지 뒷산 정상에 걸려 있다. 그 아래 흰색, 아이보리색, 붉은색 10여 층 건물이 해안가 도로를 따라서 즐비하게 들어서 한적한 항구도시의 아름다운 풍경이다.

지브롤터 항구도시 전경

　오늘 여행 일정은 지브롤터 항구에 도착해 북경성 중식당에서 점심을 먹고 세비야로 출발한다. 버스로 2시간 30분 소요되어 현지시간 거의 4시경에 도착한단다. 항구에 도착하자마자 식사 후에 미리 와서 대기한 관광버스를 타고서 출발한다.

　한참 운행 후에 세비야에 도착했다. 이제 유서 깊은 세비야 거리를 걷고 있다. 고색 찬란한 거리에는 조각처럼 지은 건물이 들어차 있다. 세비야 광장에는 수많은 사람이 거리를 오가며 여유로운 시간을 가족, 동료, 연인끼리 즐기고 있다.

IV. 포르투갈 공화국
(The Republic of Portugal)

포르투갈 지도

공식 명칭은 포르투갈 공화국 (The Republic of Portugal)이다.

면적은 92,090㎢, (남한 정도 면적)이고, 전체 인구는 1,100만여 명이다.

수도는 리스본이고, 인구 300만여 명이 살고 있다.

민족은 포르투갈인 97%, 흑인 2% 기타인 1%이며, 언어는 포르투갈어를 쓴다.

종교는 로마가톨릭교 90%, 기독교 3%, 기타 종교 7%로 구성하고 있다.

위치는 동쪽과 북쪽은 스페인, 서쪽과 남쪽은 대서양에 인접한 이베리아반도 스페인 서쪽에 있다.

기후는 연중 온난한 해양성 기후로 연평균 강수량 1,500mm 정도 된다.

화폐단위는 유로(Euro) 화이다. 나라꽃은 라벤더(Lavenda)이다.

정치, 의회 형태는 대통령 중심 내각책임제로서 이원집정제이며 사실상 의원내각제이다.

국기의 표식 의미는 녹색은 성실, 희망, 적색은 신대륙 발견에 따른 열정 쏟은 피의 상징이며, 중앙의 원은 지구, 원형 안의 적색 방패는 포르투갈인의 해외개척 항해한 세계표시, 무어인들로부터 영토 회복 5인의 왕, 적색 안 방패는 예수의 수난상을 표시하고 있다.

1. 역사적 배경

선사시대 2만 5천여 년 전부터 사람이 거주한 흔적이 있다. 여기에 갈라이키족과 루시타나족 계통의 겔트족이 살았다. 기원전 7세기경에 페니키아, 그리스, 카르타고 지배를 받는다.

2세기부터 로마침공으로 영토가 귀속되어 속주가 되고 루시타니아라고 불렸다. 로마 시대의 영향이 커서 지금도 로마문화와 건물 양식이 곳곳에서 남아있다.

후에 서코트족인 게르만족이 들어와 정착한다. 8세기경에는 아랍계통의 무어인이 이베리아반도를 침략해 들어와 한동안 지배한다. 13세기 크리스트교도에 의한 국토 회복 운동 '레콘키스타' 과정에서 포르투갈 왕국이 건국한다. 14세기 주앙 1세 왕권은 절대주의 군주로 체제를 확립하고 영국과의 화친을 맺는다.

포르투갈 바르톨로메우 디아스가 1488년 아프리카 남단에 위치한 희망봉에 도착해 세상에 알려진다. 그로부터 4년 뒤인 1492년 스페인 세비야에서 출항한 콜럼버스가 서인도 제도를 발견하면서 아메리카 신대륙이 유럽제국에 더욱 상세하게 소식이 퍼진다.

15세기~16세기 대항해시대가 열린다.

1498년 바스쿠 다가마가는 아프리카 남단을 돌아 인도 항로를 개척한다. 1541년 포르투갈 사람이 일본에 상륙해 총포, 담배, 감자, 고추(인도산)를 전래한다.

포르투갈은 인도로 가는 보급기지 확보를 위해 아프리카 서부의 적도 기니, 앙골라와 동부의 모잠비크를 가장 먼저 식민지로 삼는다. 해외 무역기지를 이용해 점차 식민지화하는 전략을 구사했다. 포르투갈은 1549년 브라질 초대 총독 토메 드 소자를 파견해 지배한다. 그는 총독으로 부임하자 사우바도르 다 바이아를 수도로 정하고 건설한다.

그 시대 주앙 1세의 아들 엔리케는 항해 왕航海王이라는 별칭을 얻는 동시에 해양 왕국의 지위를 공고히 한다.

포르투갈의 뒤를 이어 네덜란드, 영국, 프랑스 등도 아프리카에 진출했으나 해안가에 머물렀다. 한참 식민지 개척 당시 아프리카 북부 알까세르 끼비르 전투에서 포르투갈 국왕 동 쎄바스띠아웅이 현장에서 1578년에 사망한다. 직계 자손이 없어 왕위계승권자가 없었다.

한동안 논의 끝에 인척 관계인 스페인 필립 2세 왕이 포르투갈의 왕으로 추대되어 왕위에 오른다. 스페인 필립 왕조가 1580년부터 1640년까지 60년 동안 포르투갈을 지배한다. 상당한 세월이 흐른 후에 포르투갈은 자주독립을 위해 스페인과의 격렬한 전쟁을 치르며 영국의 지원 하에 독립을 쟁취한다.

17세기에 접어들어 아프리카 서부 라이베리아와 동부의 에티오피아를 제외한 아프리카 전역이 유럽 열강의 식민지가 된다. 프랑스는 식민지로 말리, 니제르, 알제리를 확보하고, 벨기에는 콩고를, 포르투갈은 앙골라, 모잠비크 등을 식민지로 차지한다.

노예제도는 인류역사상 처음부터 시작되었지만 아프리카 흑인을 잡아다 노예로 쓴 나라는 포르투갈이 시작한다. 17세기 포르투갈 항구도시 라구스는 아프리카 노예를 수입하여 매매하는 노예시장이 생겼다. 그로부터 포르투갈 리스본의 인구 10%는 아프리카 흑인이었고 그 당시 특히 브라질로 노예를 많이 보냈다. 나중에는 현지에서 잡아다 파는 방식으로 바뀐다.

그 이후 17세기부터 19세기까지 유럽 열강은 아프리카 분할지배, 각종 자원 수탈과 노예사냥을 위해 식민지화하는 데 심혈을 기울인다. 이런 영토의 실효적 지배 분할과정에서 유럽제국 간에 서로 첨예한 마찰과 갈등을 빚었다. 특히 벨기에 국왕 레오폴드 2세는 콩고강 유역의 소유권을 주장했으나 이미 진출해 있던 프랑스, 포르투갈이 반기를 들어 결국 유럽 열강은 베를린 국제회의 (1884~1885)를 열고 아프리카 분할 지배 원칙을 정해 시행한다. 무차별적인 유럽의 식민지화로 힘없는 자, 약소국의 비애가 고스란히 역사에 묻혀 버린다.

포르투갈은 대서양 인접 이베리아반도 서쪽에 위치해 서유럽, 지중해연안국, 아프리카와 아메리카대륙의 4개 주요 지역을 잇는 해상교통의 중심지 역할을 수행해 해외로 진출하는 터전을 마련한다. 그런 연고로 스페인과 더불어 세계 최대의 해외 영토를 보유한 해양 국가로서. 한때 포르투갈 영도보다 백여 배 이상 넓은 해외 식민지를 확보해 영광을 누린다. 해외 식민지에서 가져온 금은보화의 부富가 왕실과 귀족에게만 집중되어 이들의 낭비와 사치가 절정에 이룬다. 그 여파로 오히려 산업발전에 저해요인으로 작용한다. 16세기 중엽부터 한때의 번영은 서서히 사양화되고 영국에 경제적 종속이 심화한다. 브라질에서 인도에 이르는 식민지 대제국도 네덜란드, 영국의 진출에 의해 점차 축소되어 갔다.

유럽 전 지역을 휩쓸고 다녔던 나폴레옹 군은 영국을 고사시키려고 대륙 봉쇄령을 내린다. 그러나 포르투갈은 영국에 농수산물을 수출해 지원하고 있었다. 그것을 못마땅하게 생각하고 있던 나폴레옹은 스페인을 정복한 뒤 포르투갈로 쳐들어온다.

1805년 10월 21일 이베리아반도 남서부 트라팔가(Battle of Trafalgar) 해전에서 넬슨의 영국함대와 빌뇌브 제독이 이끄는 프랑스·스페인 연합함대를 격파해 영국이 대승을 거두고 넬슨 제독은 현장에서 전사한다. 이 해전에서 패배한 나폴레옹 군은 이후 영국 상륙을 단념한다.

다음 차례가 포르투갈이다. 나폴레옹 군은 1808년 포르투갈에 침공해 들어온다. 그 위기를 모면하기 위해 포르투갈 왕실은 브라질로 임시 망명한다. 그 당시 나폴레옹은 영국과 러시아를 정복 못 한 채 전쟁을 치르고 있었다. 영국 해군력에 뒤진 프랑스는 영국에 대한 대륙봉쇄를 강화하는 한편 대륙에서 유일하게 독자적으로 대항할 만한 힘을 가진 러시아를 꺾기로 한다. 러시아 원정은 1812년 6월 나폴레옹 군과 동맹군 65만여 명이 국경인 네만강을 넘어 러시아에 침공해 들어간다.

장거리 원정은 군수물자와 말 사료 부족으로 기병대가 점차 와해되고, 장티부스 등 전염병이 돌아 병력손실이 심했다. 세월이 한참 지나 겨울에 접어들었다. 러시아군은 방어하던 도시 건물을 파괴하고 불 지르고 후퇴를 반복하며 저항한다. 그 격렬한 전쟁 중에 혹독한 추위에 병사가 얼어 죽는다. 곳곳에서 러시아 코사크 게리라 부대의 기습으로 큰 피해를 준다. 더불어 애국 농민의 농기구를 주 무기로 한 매복과 기습공격으로 더욱 타격을 입혀서 나폴레옹 군은 고전을 면치 못한다. 몹시 추운 한파와 정규 비정규전 공격으로 병사가 죽어 나갔다. 전쟁을 치르는 동안 포로가 10만여 명에 이뤘다. 러시아 네만강을 건너 도망쳐 나온 병사가 겨우 3만여 명에 달해 처참한 참패를 당한다. 그 이후 쇠락의 길로 접어든 나폴레옹 군은 1815년 6월 18일 마지막 벨기에 워털루 전투(Battle of Waterloo)에서 패퇴해 유럽을 휩쓸던 나폴레옹 전쟁은 그동안 유럽제국과 60여 회의 대소 전쟁을 치렀다. 나폴레옹 전쟁은 1803년부터 1815년까지 12년간 치른 전쟁이다. 혼란한 시기를 틈타 영국은 섭정으로 포르투갈을 실질적으로 지배했으나 1820년 스페인 내란의 영향으로 영국세력이 쫓겨나고 포르투갈 국왕이 복귀해 입헌 군주제가 채택된다.

1822년 브라질의 독립 선언으로 포르투갈의 국력은 더 급격히 쇠퇴한다.

그로부터 동티모르, 앙골라 외 여러 나라가 1975년 포르투갈 식민지로부터 독립한다.

그와 동시에 사회적·정치적 혼란기가 계속된다. 1910년 혁명으로 공화제에서 군부 쿠데타로 실각한 이후 정정불안이 지속되고 연이은 쿠데타로 정권이 여러 번 교체된다. 1974년 4월 25일 카네이션 혁명을 통해 50년 독재정치가 막을 내리고 민간정부가 들어서 점차 정치 안정을 가져와 오늘날에 이른다.

1977년부터 경제 개발을 위해 민간 기업을 대상으로 외국 자본의 도입촉진을 꾀하지만, 긴축 재정을 실시하여 경제 재건에도 힘쓰고 있다.

1986년 EU에 가입하고, 1999년 12월 포르투갈의 마지막 해외 식민지 마카오를 중국에 반환한다.

2. 자연환경과 산업발달

포르투갈의 국토는 테주강을 중심으로 남북을 크게 두 부분으로 나뉜다. 북쪽 내륙은 산악지대 험한 계곡 사이 고원과 평지가 조금씩 나타난다. 남쪽 알가르브 지방은 산맥이 흐르는 사이에 큰 평원을 이른다. 중심부에 세하다 이스트 텔라 산 해발 1,993m에서 발원하는 가장 긴 믄테구강 유역에서 농사를 짓고 있다. 포르투갈에서 가장 높은 산은 아소르스 제도에 있는 피쿠 산 2,351m이며 화산으로 이루어진 산이다. 포르투갈은 국토의 길이 597km, 폭 205km에 지나지 않는 작은 나라이다.

대서양에 데제르타스제도를 비롯해서 여러 섬이 본토로부터 670km~1,230km까지 멀리 떨어져 있다. 그런 지리적인 요인으로 가장 길고 넓게 배타적 경제수역 1,685,000㎢ 규모를 차지하고 있다. 풍부한 어족, 천연자원이 바다 밑에 널려 있다.

농업종사 인구보다 생산성은 낮은 편이다. 식품·수산물가공·섬유 등 경공업이 주류 산업을 이르고 밀·포도주·올리브유·코르크나무를 재배하고 텅스텐을 생산한다.

포르투갈의 산업은 서비스업 63%, 제조업 30%, 농업 7%를 차지하고 있다. 제조업 비율이 낮은 데다가 서비스업이 필요 이상으로 비대해 국가 경제의 뿌리인 제조업이 미약하다.

극심한 불경기나 불확실한 대외경제의 악재 돌발 시는 산업의 기초가 튼튼치 않아 바람 앞에 등불처럼 삽시간에 경제기반이 무너질 수도 있는 취약점을 가지고 있다.

산업 분야에서 농업이 차지하는 비율은 낮으나 종사자는 많아 노동력의 인구비율은 높다. 정부의 농업 우대정책으로 국가재정이 많이 투입되는 실정이다.

제조업이 발달해야 국가 경제기반이 튼튼하나 그동안 국가의 시책이 공업 분야 육성발전에 다소 소홀했다. 그런 관계로 유럽에서 스페인·그리스와 더불어 주로 농업, 광업, 서비스업이 주류를 이르는 산업·경제구조로 유럽에서 가장 열악하다.

이런 산업 불균형을 해소하려고 공업발전계획을 세워 시행하고 있다. 당시 외국자본이 들어와 합작 사업으로 공공사업이 활발했으나 그것도 일부 산업 분야에 진출해 크게 빛을 보지 못하고 있다. 연이은 쿠데타로 산업국유화와 정정불안, 외국자본의 투자제한과 석유파동 등으로 크게 혼란스러운 시기를 보내야만 했다.

1986년 EU 가입을 전후로 사회주의적 경제구조가 자유민주주의 시장경제체제로 전환되면서 경제정책의 기본 틀이 근본적으로 바뀌었다. 그 이후 경제가 활기를 띠어 급속한 발전이 이루어지고 있다. 경제 분야에서 그리스, 스페인, 아일랜드보다 GDP 대비 총고정자본이 높은 수준으로 증가하고 있다. 그러나 아직 EU 국가 중에서 하위수준인 경제성장률, 재정 건전성과 공공· 의료서비스의 수익성 악화로 유럽의 연간평균 임금수준으로 비교 시 최하위권에 머무르고 있다.

3. 포르투갈의 저명한 개척자와 문화예술가

　대항해시대 해외로 뻗어 나가는 데 결정적인 역할을 한 사람이 아폰수 1세와 바스코 다가마 이다.
• 아폰수 1세(1109~1185)는 포르투갈의 초대 왕이다. 1139년 레온 왕국으로부터 갈라시오 왕국 남부지역까지 영토를 넓혔다. '콘키스타도르' 라는 정복자 별칭을 갖고 있다.
• 엔히크 왕자(1394~1460)는 주앙 1세의 아들로 '해상 왕'으로 알려져 있다. 그는 아프리카를 넘어 아시아로 가는 바닷길을 열어 향후 포르투갈이 식민지 개척의 황금기를 맞도록 기반을 다진다.
• 페르디난도 마젤란(1480~1521)은 포르투갈 출신의 항해가, 탐험가이다. 스페인의 카롤로스 왕의 후원을 받아 대서양과 태평양을 횡단한 인물이다.
• 바스코 다 가마(1469~1524)는 포르투갈의 항해가, 탐험가이다. 그는 최초로 인도 황로를 개척한 사람으로 포르투갈이 해상 왕국의 기초를 다진다. 그 이후 이 항로를 이용해 유럽 제국이 아시아 식민지 개척에 길을 터준다.
• 루이스 데 카몽이스(1524~1580)는 포르투갈의 대표적인 서사 시인이다. 포르투갈의 역사와 신화를 읊는 11음절의 8연 시 10편, 1102절로 구성한 애국 대서사시「우스 루지아다스」시로 유명하다.
• 페르난도 페소아(1888~1935)는 포르투갈의 시인, 문학평론가, 철학가이다. 20세기 문학의 주요 인물이며 문학의 현대화 운동을 주도해 방대한 양의 시를 엮은 시집이 있다.

- 주세 사라 미구(1922~2010)는 포르투갈의 최초 '노벨문학상' 수상자이며 대표적 문학 작가로 『카인』, 『눈먼 자들의 도시』, 『도플갱이』 등의 작품을 발표해 많은 인기를 누렸다. 그는 번역가, 언론인으로도 활동했다.
- 알바르 시자 비에이라(1933~현재)는 포르투갈의 대표적인 현대 건축가이다. 현대화한 형이상학적 건축양식을 설계해 지대한 영향을 미치고 있다. 1992년 건축계 거상 프리츠 상, 2001년 울프 예술상을 받았다.

스페인에 플라밍고가 있다면 포르투갈은 바다와 밀접한 관계를 맺고 한이 서린 민속 음악, 파도(Fado)가 있다. 대항해시대 바다를 향해 떠나가는 아버지, 오빠, 애인에 대한 그리움, 슬픈 이별, 고향에 대한 향수, 강렬한 갈망이 스며드는 음악이다. 바다를 숙명처럼 여기고 살아온 포르투갈인의 내면에 한이 깃들어 있는 어두운 그림자, 정서가 총체적으로 담겨 있다.

바다는 동경의 대상이자 먼바다를 향해 떠난 임에 대한 그리움이기도 하다.

출항하는 배를 바라보며 사랑하는 사람과의 이별, 그리움에 대한 가슴 아픈 사연과 더불어 한을 실어 파도라는 음악으로 표출한다. 파도에는 12현의 기타가 필수적으로 수반해야 한다. 그리움과 한이 맺힌 사연을 구슬픈 가락으로 어울려질 때 그 서정적인 울림에 대한 진가를 발휘한다.

파도의 대표적인 여가수 아밀리아 호드리게스(1920~1999)는 포르투갈의 시, 음악의 장르 파도를 세계에 알린 가수이다. 프랑스 영화 『과거를 가진 애정』에서 '검은 돛단배'를 불러 큰 호응을 얻었다. 그 상황, 정서에 따라서 불리는 어둡고 우울한 감성을 가슴으로 부르는 파도와 낭만적인 감성으로 사랑을 노래하는 슬픔이 서린 파도이다.

한국에도 MBC에서 1980년 방영한 『사랑과 야망』 드라마 테마곡으로 널리 알려졌다.

모로코 지중해 연안 항구도시 세우타에서 지중해를 건너 지부롤터 항구에 도착해 세비야 거리를 잠깐 둘러보고 포르투갈 수도 리스본으로 이동하고 있다. 포르투갈에 상당히 진입해 바다 해안가 도로를 달리고 있다. 강안 부두에 크레인이 걸려 있고 큰 배가 정박해 있다. 조금 지나 동산으로 둘러싼 넓은 곳에 현대 컨테이너 간판이 보인다. 한국 동포를 보는 것처럼 반가웠다. 길가에 연보라 꽃이 만발한 나무와 무성한 숲으로 이뤄진 공원을 지나고 있다.

4. 포르투갈 수도, 리스본(Lisbon)

포르투갈의 수도 리스본 면적은 83.8㎢, 인구 약 300만여 명이 살고 있다.

13세기부터 포르투갈의 중심지로 발전한 리스본은 정치, 사회,

경제, 문화예술의 도시이다. 14~15세기 포르투갈의 황금기인 '대항해시대'에 대서양 무역의 전초기지로 큰 역할을 수행해 번영을 누렸다. 그러나 16세기 후반에는 스페인과 치열한 경쟁에서 뒤로 처지면서 한때 해외 식민지 개척에 주도권을 뺏기기도 한다.

리스본은 포르투갈어로 리스보아(Lisboa)라고 한다. 테주강의 삼각 하구 우안右岸에 위치한다. 이 나라 최대의 도시이며, 유럽대륙 대서양 연안 굴지의 좋은 항구입지를 갖고 있다. 일찍이 페니키아·그리스·카르타고 시대부터 주요 항구로 이용해 왔다.

기원전 205년에는 로마의 지배를 받았다. 714년 이래 이슬람의 지배를 받으면서 리사보나로 불리다가 1147년 알폰소 1세에 의해 해방된다. 1255년 코임브라로부터 천도한 뒤 수도로서 현재까지 이른다. 15세기에서 16세기 해외 식민지 시대에는 유럽 유수의 상공업 도시가 된다.

우연의 일치인지는 몰라도 하늘에서 재앙을 내렸다. 1646년부터 소규모 지진이 계속 이어지다가 1755년에 대지진으로 인한·해일과 화재로 시가지의 절반 이상이 파괴되고, 도시 전체가 폭삭 내려앉았다. 그 결과 인구 수만여 명의 목숨을 잃는 슬픈 재난의 역사가 있다.

대지진으로 파괴되어 고대 유적은 그리 많지 않다. 그러나 동부의 알파마 지구에는 성聖 조지성이, 서부의 벨렝 지구에는 본래 성채였던 벨렝 탑, 바스코 다 가마를 기념한 고딕 양식의 수도원과 현재의 외무성인 아주다 궁전, 박물관 등 역사적인 건축물이 조금 남아 있다. 1290년에 창립된 오랜 전통을 유지하고 있는 대학이 현존하고 있다.

현존하는 건물

리스본 시가지는 3개 부분으로 나뉜다.

중심부는 바이샤 저습지로 거의 전 지역이 지진 후에 재건되어 상업·행정기관이 집중해 들어선 지역이다.

동부는 본래 페니키아인·로마인의 고대거리였던 구시가지이다.

서부는 새로 들어선 주택, 건물로 이루어진 신시가지로 구분하고 있다.

최근에는 북부지역이 개발되어 신시가지로 펼쳐지고 있다.

배 접안 항만시설은 테주강 우안을 따라서 뻗어 나가고 있다. 그 북동부 지역 일대에 저장 창고를 비롯한 공장이 들어서고 있다. 유럽연합에서 1994년도의 유럽 문화도시로 이곳을 지정했다. 가이드 말에 의하면 리스본에서 소매치기를 조심해야 한다고 강조한다. 특히 과잉친절, 근접 밀착, 예쁜 여자 여러 명이 달라붙으면 무조건 조심하란다. 대략 10명 중 4명은 방심하는 사이에 순간적으로 소매치기를 당한다고 한다. 경험한 사람은 '귀신이 곡할 노릇,'이라고 혀를 내 들른다. 그러나 휴대용가방을 앞에 메고 손을 언 고서 다니면 소매치기를 예방할 수 있다고 전한다.

포르투갈도 스페인과 더불어 관광 대국이다. 인종 차별이 거의 없고, 물가는 한국보다 비교적 싸다. 한류 물결이 파고들어서 싸이의 노래로 한국이 많이 알려져 있다.

도심에 도리아식 건물이 인상적이고 분수대 중앙에 높은 탑이 서 있다. 도로 양편에 건물이 들어선 골목길로 들어서고 있다. 카페 앞 탁자에 손님이 둘러앉아 차와 음식을 먹고 있다.

바로 옆 세베자리아(Cervejaria) 식당에 들어갔다. 손님이 붐비는 식당 한편에 자리 잡고 앉았다. 토마토 슬라이스에 양파조각과 상추를 얹은 샐러드가 나온다. 뒤이어 오래간만에 주메뉴로 백반이 나왔다. 장기간 여행에 음식 때문에 어려움이 따랐는데 한식을 먹고서 조금 기운을 차렸다. 식당에서 나와 골목길을 걷고 있다.

시내 중심가를 운행하는 전차

포장마차 긴 탁자에 6쌍의 부부가 길게 앉아 차와 커피를 마시며 즐거운 한때를 보내고 있다. 우리 일행을 보고서 반가워 손을 흔들며 여유와 평화스러운 분위기를 보여주고 있다.

울긋불긋 칠한 앙증맞은 조그만 전차가 도로 선로를 따라 이동하고 있다. 유럽 여러 나라를 여행하며 둘러보아도 보이지 않던 전차가 이곳에서 처음 본다.

광장 한편에 관광용 삼발이 노란 오토바이 여러 대가 손님을 기다리고 있다.

조금 걸어 나가면 리스본의 중심지 로시우 광장(praça do Rossio)이 나온다. 로시우 광장의 정식 명칭은 '동 페드루 4세 광장'이라고 하는데 로시우 광장으로 더 많이 불린다. 광장 중앙에

동 페드로 4세의 동상(뒤편 기둥탑)

우뚝 솟아 있는 원기둥 정상에 동 페드로 4세의 동상이 서 있다. 그는 독립 브라질의 첫 번째 왕이다. 우리 부부는 아기를 안고 있는 동상을 배경으로 기념사진을 찍었다.

광장 북측에 예쁜 건물 에스타우스 궁전이 있다. 16세기경에는 종교재판소로 사용했다가 근래에는 오페라 하우스로 이용하고 있다.

광장 뒤편에는 대소 건물이

소로를 따라서 카페, 전문 음식점, 기념품 판매점이 즐비하다. 골목길은 사람으로 가득히 움직이고 있다. 그 거리는 모두 식당 아니면 유흥업소 밀집 지역이다.

우리 일행은 뒷골목 풍경을 보기 위해 돌아서 나왔다. 광장 주위를 둘러보고서 버스가 주차하고 있는 곳으로 이동하며 주위를 구경하고 있다. 로시우 광장은 13세기부터 리스본의 중심지로 모든 공식행사가 이곳에서 열렸다고 한다. 세월이 많이 흐른 지금도 리스본의 중심지 역할을 한다. 다양한 노선의 버스와 트랩이 있어 교통이 편리해 리스본 시민과 관광객이 많이 이용한다. 이제 유서 깊은 로시우 광장에서 코메르 시우 광장으로 이동하고 있다.

코메르 시우 광장은 옛날에 바다와 연결된 테주강 연안 부두를 통해서 해외 무역선이 많이 닿았던 곳이다. 이곳은 주로 상업이 이루어지던 최대 규모의 광장이다.

광장을 중심으로 마누엘 1세가 거처하는 히베이라 궁전이 자리 잡고 있던 장소이다. 1755년 리스본 대지진으로 궁전이 완전히 파괴되었다.

당시 마누엘 1세 왕은 근접 거리에 있는 아주다 궁전으로 거처를 옮겼다. 그 이후 최측근인 폼발 후작을 통해서 도시 재건 사업을 벌였다.

광장 중앙에 도시를 재건한 마누엘 1세의 공적을 기리기 위해 높이 14m 기마상을 세웠다. 광장 북쪽에는 19세기에 세운 '승리의 아치'라는 개선문이 있다.

탐험대가 해외로 출항하는 전진기지 토레 데 벨랭 탑

리스본 근접 거리에 있는 토레 데 벨랭 탑(Torre De Belem)으로 이동하고 있다. 벨랭탑은 1510년대 초 마누엘 1세가 항구를 감시하기 위해 테조 강변에 세운 성곽이다.

그동안 모든 탐험대가 해외로 출항하는 전진기지이기도 하다. 성 중앙에는 뱃사람들의 무사 귀환을 바라는 성모 마리아상이 있고 탑의 상층 부에는 화려한 관저와 예배당이 있다. 탑에 오르면 벨랭 지구의 아름다운 경관을 한눈에 내려다볼 수 있다.

이 벨랭 탑의 지하에는 감옥소가 있어 국가 반역의 무리를 가두기도 했다. 5층 건물의 상층부는 성곽 모양을 하고 있다. 바다와 강이 만나는 지점에 세운 이 탑은 당초 물속에 잠겨있었으나, 테조강의 흐름이 바뀌면서 뭍으로 나왔다. 이 탑은 바스코 다 가마의 인도 항로 개척을 기념하기 위해 1514년에 건축을 시작해서 6년 후에 완공했다. 이 탑은 나비가 물 위에 앉아 있는 것처럼 보이는 마누엘 양식의 건축물로 세계문화유산에 등재되어 있다.

스페인과 포르투갈은 세상에서 제일 파도가 세고, 거친 바다, 대서양을 향해서 배를 띄었다. 포르투갈의 동쪽은 대제국 스페인이 버티고, 풍랑이 센 대서양 끝은 괴물이 산다는 전설이 내려오고 있었다. 그들은 부푼 꿈을 안고서 한 번도 경험하지 못한 위험을 무릅쓰고 모험의 항해를 시작한다. 1492년 콜럼버스에 의해 신대륙을 발견한 이후 포르투갈, 스페인이 앞서 나가고 뒤이어 소문을 들은 네덜란드, 영국, 프랑스가 그 뒤를 따랐다.

신대륙 발견에 뒤이어 대항해시대가 열리고 해외식민지 개척과정에서 스페인과 포르투갈은 중앙아메리카, 남아메리카의 찬란한 마야 문명을 비롯한 곳곳에 찬란하게 꽃피운 물질문명과 도시, 가족 공동체가 한순간에 깡그리 파괴되어 망그러져 나갔다.

어느 날 생전에 보도들도 못한 이방인이 나타났다. 코와 키가 크고 외모가 다른 그들은 작대기를 하나씩 갖고 허리에 칼을 찼다. 챙 이긴 모자에 검은 복장을 했다. 처음에는 마을에 한두 명이 나타났다. 마을 사람들은 호기심에 친절히 대하고 극진히 대접했다. 서로 말을 하나 의사소통이 되질 않는다. 처음 말이 안 통해 손짓 몸짓으로 의사소통을 했다. 세월이 한참 지난 후에 이제는 떼거리로 몰려와 식량과 귀중품을 빼앗고 부녀자를 끌고 가 나쁜 짓을 한다. 반항하면 막대기에 불을 붙여 쏘아 죽인다. 곳곳에서 싸움이 벌어진다.

이 사실을 왕, 추장, 부족장에게 알렸다. 여러 부족이 모여 원로회의를 한 결과 그대로 두어서는 안 된다는 결론이 나왔다. 그 이후에 곳곳에서 싸움이 벌어지고 결국 적대감이 극에 달해 사생결

단을 내리는 치열한 전투가 곳곳에서 벌어진다. 대규모 전투가 벌어지고 기습 공격을 가해 쌍방 간에 사상자가 많이 발생했다. 처음 자연환경과 지형지물을 잘 모르는 그들은 기습, 매복 작전에 걸려들어 많은 사상자가 발생했다. 이제는 서로 악에 받쳐 그대로 지나칠 수가 없는 지경에 이르렀다. 이제 너 죽고 나 살자는 전투가 곳곳에서 벌어진다.

그 당시 소총으로 무장한 원정군은 원주민 청장년의 80% 이상을 죽음으로 내몰았다. 저항하는 남자는 모두 죽이고 부녀자는 위협과 겁탈, 강간하는 처절한 비극의 광경이 곳곳에서 벌어졌다. 심지어 병사 1명이 200여 명 이상 부녀자와 성적 관계를 맺어 인간의 윤리 체제를 깡그리 망가트렸다. 총칼에 피를 흘리며 쓰러지는 지아비, 엄마, 오빠, 동생을 부둥켜안고서 하늘을 우러러 원망해도 소용이 없었다. 피비린내 나는 처참한 생지옥에서 살려 달라는 아우성, 울부짖는 소리, 비명 소리는 처절한 삶의 비극이 바람결에 스쳐 지나가는 메아리에 지나지 않았다.

신이 세상을 지배한다는 그 신은 다 어디에 있는가?

슬픔에 젖어 기도해 보아도 아무런 반응이 없었다. 나라, 도시, 촌락이 황폐화하고, 알뜰한 가정이 파괴되고, 수천 년 동안 이룩한 찬란한 문명을 보유한 아즈텍제국, 마야제국, 잉카제국을 송두리째 파손해 이 지구상에 '마추픽추' 유적만 조금 남기고 흔적도 없이 살아졌다. 조상 대대로부터 내려오는 금은보화 보물, 귀중품은 모두 탈취해 갔다. 그뿐만 아니다. 젊은 남자, 여자는 일부 가정부, 농장 근로자로 끌려갔다.

이 비극의 현장을 어떻게 설명해야 할 것인가. 약소국가, 약소민족의 비애가 고스란히 드러나는 슬픈 현장이었다.

처참하게 짓밟힌 자, 힘없는 자, 죽은 자는 말이 없다. '역사는 승자의 것'이라는 아이러니가 이 세상에 악마처럼 살아 움직였다. 오늘날 그 후손이 포르투갈, 스페인을 조국이라 부르는 이유가 여기에 숨어 있다.

해외로부터 수탈한 금은보화, 향과 귀중품이 물밀 듯이 포르투갈, 스페인으로 들어왔다. 스페인과 포르투갈은 아프리카, 아메리카에서 식민지 개척을 하며 무자비한 살육을 저질렀다. 뒤를 따른 유럽의 여러 나라는 드넓은 식민지에서 포르투갈, 스페인처럼 금은보화를 수탈해 본국으로 거둬들여 부를 창출해야만 했다.

포르투갈, 스페인은 수세기에 걸쳐서 아메리카 원주민을 동원해 사탕수수, 담배, 커피를 대규모로 경작하기 시작한다. 그런데 뜻하지 않은 큰일이 벌어졌다.

유럽에서 건너온 사람들이 전염병을 옮기면서 원주민이 죽어 나가 일손이 턱없이 모자랐다.

포르투갈은 부족한 일손 충당을 위해서 아프리카인을 상대로 노예사냥 아이디어가 뇌리에서 번뜩인다. 후에 노예상인은 처음 서남아프리카 사람을 짐승 사냥하듯 붙잡아 노예로 삼기 시작했다. 이제는 사람이 사람을 잡아서 짐승처럼 끌고 다니며 팔고 사는 시장이 생겼다. 비극의 현장이 여기서부터 시작되었다. 인간에 대한 고귀한 생명의 존엄성이나 원천적인 양심이 없고 한 개의 사고파는 물건에 지나지 않았다. 누가 얼마나 많이 잡아들이느냐가 부와 직결되었다. 아프리카에서 잡아들인 노예 집결지가 대부분 포르투갈 항구였다. 포르투갈에 부를 가져다준 것은 무엇보다 '노예무역'이었다.

대양 범선

사냥하듯 잡힌 노예 이마에 불에 달군 쇠붙이로 낙인을 찍은 뒤 노예선에 태워 상품처럼 팔아먹었다. 노예는 사람이 아니었다.

수 세기 동안 아프리카에서 노동력과 노예로 부릴 수 있는 15세에서 35세 젊은이 1천8백만여 명을 붙잡아 브라질, 서인도 제도, 아메리카 전역, 심지어 서유럽까지 팔려나갔다. 이 숫자를 채우려면 3~5배의 희생이 따라야만 했다. 반항하는 자, 겁에 질려 도망가는 자는 현장에서 가차 없이 살상하는 극악무도한 살인행위가 곳곳에서 벌어졌다.

하늘이 내려준 숭고한 목숨, 단란한 가정은 한순간 총칼로 해체해 버렸다. 이런 극악무도한 살상행위로 정치, 사회, 문화 시스템을 파괴하고 조상 대대로 이어져 내려온 삶의 터전과 고귀한 생명의 씨앗을 한순간에 말려 버렸다. 서부 아프리카 제국의 인구와 물질문명의 발전은 수 세기에 걸쳐서 정지된 상태로 멈춰버렸다. 16~17세기 서부 아프리카는 유럽제국보다 뛰어난 물질문명을 이룩했다고 기록에 전한다.

노예는 사람으로 취급하지 않았다. '노예무역' 비극은 남아메리카 제국처럼 오랜 기간 동안 무차별 살해를 자행해 힘없는 자, 약소국의 존립에 대한 비극의 역사가 그늘에 가려져 움직인다.

노예선은 오랜 기간 바다에서 항해 시 생활의 악조건으로 전염병이 돌아 한순간에 죽어 나가 유령선이 되고, 예상치 못한 태풍, 좌초로 배가 파손되어 바다 밑으로 수장되는 비극이 수시로 일어났다. 이런 천재지변 재난사고 경우도 더욱 악랄하게 인간사냥을 해서 목표 수량을 채워야만 했다. 신의 벌이 내렸는지는 몰라도 1755년 포르투갈, 스페인에 대지진 천재재앙이 이베리아반도를 휩쓸고 지나간다. 갑작스러운 지진과 해일은 모든 인간의 삶을 송두리째 삼켜버렸다. 호화찬란한 유서 깊은 건물파괴와 무수한 인명 살상은 하늘로부터 받은 저주였나. 하늘은 스스로 보상과 징벌로 답을 내린 과거 역사가 대변하고 있다.

오랜 세월이 흐르면서 본국과 식민지 간에 사람 왕래가 잦았다.

식민지 지배를 위한 정부 요원, 가족 대동 또는 주민을 상대로 무역, 상거래를 위해 범선을 타고서 몇 개월씩 대양을 항해해야 하는 상황이었다.

때로는 태풍을 만나고, 좌초로 선박이 파괴되어 한순간에 수장되는 경우도 있다. 해적선에 의한 나포, 인명 살상, 부녀자납치, 금은보화 탈취, 황금을 좇는 해적선의 출현이 빈발한다.

또 바람을 등지고 항해 시는 조금 더 빨리 목적지에 도착하나 바람을 안고서 항해 시는 상당한 세월을 보내야만 했다.

문제는 항해술이었다. 세월이 흐르면서 점차 항해술이 발전했다. 위험한 해역을 피하고 안전한 항해 수로를 택해서 이용하는 해도를 작성해 순항하기도 했다.

한편 고국에 있는 가족도 편안한 삶을 영위하지 못했다.

사랑하는 아버지, 오빠, 애인이 어디로 가는지도 모르는 망망대해를 향해 출항하는 선박과 선원은 거친 비바람, 태풍, 배 밑이 지옥인 현실에서 언제 돌아올지도 모르는 기약 없는 세월, 그리움에 모두 지쳐 있었다. 위험이 도처에 도사리고 있는 안전사고, 예측 불허한 기나긴 한 세월이었다. 열악한 항해 조건에서 짧게는 1년 길게는 수십여 년이란 세월을 이국땅에서 살아야만 하는 기구한 운명이었다. 고국에 있는 가족, 애인은 언제 돌아올 줄 모르는 그리움에 애타게 기다리며 보내야 하는 운명의 세월이었다.

연말연시, 기념일 등이 다가오면 아버지, 오빠, 애인이 떠나간 선착장, 부두에 나와 망망대해를 바라보는 움직이지 않는 망부석이 된다. 그리움이 한없이 밀려와 지쳐서 기약 없는 세월에 늘 슬픔과 한이 서려 있다.

그리움은 파도(FADO)를 타고

성광웅

망망대해 출렁이는 검푸른 바다
온 세상 집어삼킬 듯 흰 거품 토하는 위용

세찬 바람에 흘러가는 무정한 세월
기약 없는 기다림에 지친 여인
오늘도 바다 바라보며 한숨짓는다.

바다 너머 이국 만 리 우리임 언제 오시나
한없이 바다를 바라보는 가여운 모습
 기나긴 기다림은 꿈 속을 헤매고

고독에 지친 그리움은 파도처럼 밀려와
외로운 삶의 무게에 몸부림치며 ...
운명으로 받아들이기에 너무나 가혹한 현실

그대와 나의 청춘도 유한한데
주야로 밀려오는 그리운 얼굴
생사를 알 길 없는 현실

비나이다 비나이다 두 손 모아 비나이다
아!, 이 슬픈 현실을 어이 극복할꼬?
하느님이시여 몸 성히 귀환하도록 도와주소서

신이시여 너무나도 슬픈 이 현실을
꿈에라도 만나 소원 성취하게 해주세요
광명의 새 아침 맞이하게 하소서

바닷가에는 망망대해를 바라보는 수많은 여인이 여기저기 모여 앉아 한을 푼다. 지금 떠나는 우리임은 언제 돌아오나. 검푸른 물결, 거센 파도를 바라보면서 회한과 한탄의 눈물을 흘리는 가엽고 애처로운 여인들……,

근세에 들어 포르투갈, 스페인 등 서구 제국에는 흑인이 조금 섞여 살고 있다. 옛날 식민시대 아프리카, 아메리카에서 이주해 온 조상의 피가 섞여 천우신조로 끈질긴 명줄을 이어 오고 있다. 동토에 씨앗을 뿌려 끈질기게 살아남은 결과라고 생각한다.

선술집, 레스토랑의 어둠 속 무대에서 화려한 옷차림 여인이 나와 화려한 춤을 추며 기타를 치고, 만돌린 악기를 들고서 가슴에 파고드는 애잔한 슬픈 노래를 부른다.

'파도(Fado)' 그리움, 기다림, 슬픈 이별에 한이 서린 여인, 이 노래에 한이 녹아있어 가슴을 때린다. 노래의 이면에는 서구 문명의 어두운 그림자가 번뜩인다.

대황해시대를 연 발견 기념비는 바다가 멀리 보이 곳에 해양제국의 영광을 기리며 포르투갈의 해상왕 엔리케의 사후 500년 기념과 바스코 다 가마가 항해를 위해 떠난 자리에 1960년에 세웠다. 탑의 길이 45m, 넓이 20m, 높이 52m, 깊이 20m로 규모 크기이다. 이 기념탑은 '카라벨' 범선 모형으로 수많은 인물이 조각되어 있다. 뱃머리 맨 앞 순으로 해상왕 엔리케, 그 뒤에 아폰수 5세, 인도 항로를 개척한 바스코 다 가마, 반대편 브라질을 발견한 페드루 알 바이스, 세계 최초 일주한 탐험가 페르디 난도 마젤란, 최초로 희망봉을 개척한 탐험가 바르톨로메우 디아스 등이 순서대로 앞을 보고 서 있다. 미지의 세계를 개척한 위대한 인물들이다. 이러한 인물이 있어야 부강한 나라 기초를 다진다.

탐험가 기념관 제로니모스 수도원

발견 기념비

　기념비 앞마당에는 16세기 오대양 육대주의 세계지도가 선명하게 그려져 있다.
　그 발견 기념비 건너편에 제로니모스 수도원이 있다.

제로니모스 수도원(Jerónimos Monastery)은 포르투갈의 탐험가를 기념하기 위해 세운 흰색의 화려한 건물이다. 제로니무스 수도원은 신항로 개척으로 포르투갈에 부를 창출하고 황금기를 맞게 한 탐험가들에게 지원한 마누엘 1세의 업적을 기리는 기념관이다.

리스본의 역사적인 구역은 벨렘에 있으며, 이 도시에서 가장 훌륭한 역사 유적 중 하나이다. 이 수도원은 15세기의 왕 마누엘 1세의 이름을 따 마누엘 건축양식이라 부른다. 고딕 양식, 이탈리아, 스페인과 플랑드르 디자인을 병합한 아름다운 건축 양식이 혼합된 걸작이다. 이 수도원은 탐험가 '항해가 엔리크'가 세운 오래된 종교 암자가 있었던 자리에 있다. 1497년, 또 다른 탐험가인 바스코 다 가마와 그의 부하들이 인도로 출발하기 전 이곳에 머물렀다고 전한다. 1499년 바스코 다 가마의 귀환을 기념하기 위해 마누엘 1세의 명에 따라 이 자리에 수도원이 세워졌다. 디오구 보이탁의 책임 아래 1502년 건축이 시작되었고, 1517년에는 스페인 건축가 조앙 데 카스틸류가 작업을 이어받아 계속했다. 프랑스 조각가 니콜로 샹테렌은 제로니무스 수도원에 르네상스 디자인의 요소를 첨가 변형해 아름다움을 입혔다고 전한다. 건축 비용은 해외로부터 들어오는 향료에 매긴 세금 5퍼센트로 충당했다.

마누엘 왕이 죽자 건축은 중단되었으나 1550년 재개되었다. 두 명의 포르투갈 왕, 마누엘과 바스코 다 가마, 20세기의 시인 페르난도 페소아 와 포르투갈의 셰익스피어로 불리는 루이스 카몽이스도 수도원 부속 성당에 묻혀 있다. 수도원은 1850년 한차례 증축되었으며 고고학 박물관과 해양 박물관이 있다. 제로니무스 수도원 근처에는 '벨렘 탑'이 있다. 이 수도원은 포르투갈이 '발견의 시대'를 이끌어갔을 때 누렸던 영광을 반영하고 있다.

수도원 옆에 웅장한 대성당이 자리 잡고 있다. 성당 내 장식이 조각처럼 아기자기한 시설이다. 성당 중심 벽면에 예수를 비롯한 성인의 성화와 성단이 있다. 은은한 창문의 빨간 파란색 스테인드글라스가 유난히 선명하게 눈에 들어온다. 제로니무스 수도원은 벨렘 탑과 함께 1983년 유네스코 세계문화유산으로 지정되었다.

2층으로 길게 뻗은 수도원 옆에 이름난 빵집 Pasteis de Belem이 있다. 사람들이 여기서 빵을 사려고 길게 줄을 서서 기다리고 있다. 우리도 대기 열에 끼어서 빵을 사서 맛보았다. 여러 종류의 빵을 만들어서 종류마다 맛이 다르고 특유의 향이 나는 맛이었다.

5. 대서양 땅끝 마을, 까보 다 로카(Cabo da Roca)

까보 다 로카는 포르투갈 최서단 북위 38도 47분, 서경 9도 30분에 있다. 유럽 대륙의 서쪽 이베리아반도에서도 리스본의 북서쪽 40km 지점, 서쪽 끝 땅끝 마을을 지칭하고 있다. 포르투갈의 수도인 리스본을 벗어나 근교에 있는 신트라에서 약 15분 정도 거리에 떨어져 있는 이곳은 반도 내에서는 땅끝 마을이라는 표현이 어울리겠지만 까보 다 로카에 서게 되면 대서양의 시작을 먼저 느낄 수 있다.

이곳은 대서양을 마주 보며 돌출한 곳으로 높이 150여 미터 화강암 절벽에 빨간 등대가 세워져 있다. 이 등대 불빛에 뱃길, 항로의 방향 지침이 되고 있다. 절벽 아래 작은 바위에 출렁이는 물결이 부딪쳐 흰 포말을 일으키고 망망대해 까마득한 수평선에 뿌연 운무가 드리워져 있다. 바위 절벽 위를 따라서 1.5m 높이로 길게 돌담을 쌓아서 안전하게 거닐며 바다의 풍광을 구경할 수 있도록 배려했다. 실제로 16세기 포르투갈의 대표적인 서사시인 루이스 드 카몽이스(Camoes)는

'땅이 끝나고 바다가 시작되는 곳(Aqui Ondi a Terra se Acaba eo Mar Comeca)'이란 시를 썼다. 이 글귀는 서쪽 땅끝 마을 바다를 바라보는 언덕에 세워진 십자가 돌탑 뒤에 새겨져 있다.

이곳에 몰려온 관광객이 저마다 기념사진을 찍는다.

포르투갈은 좁은 영토에 사방 주위를 둘러보아도 강대국이 뻗치고 있었다. 오직 살길은 천상 바다로 진출하는 수밖에 없는 지정학적 이유가 여기에 있다.

대서양을 발판 삼아 16~17세기 그 당시 세계에서 가장 넓은 영토를 지니며 해양 왕국으로 세계를 누볐다. 여기는 포르투갈에서 대서양이 가장 먼저 시작되는 땅끝 마을로 알려진 까보 다 로카는 그래서 유명세를 치르고 있다. 글귀가 새겨진 곳을 관찰하다 보면 흥미로운 사실을 발견할 수 있다. 바로 까보 다 로카의 위치가 우리나라 38선 위도와 같았다. 그럼 유럽의 주요국 프랑스, 영국, 독일은 우리 한국 위도보다 훨씬 위쪽에 있는데도 불구하고 해양성 기후로 따뜻한 기온을 유지하고 있다. 그러나 까보 다 로

기념품점, 작은 마을과 화강암 절벽에 빨간 등대   십자가 돌탑

카를 방문한 한국인은 이곳의 자연환경이 훨씬 남쪽에 있는 제주도에 와있는 기분이 든다고 한다. 까보 다 로카는 대서양을 품은 아름다운 해안 때문에 일찍이 예로부터 영국과 스페인 귀족들의 여름 휴양지로 사랑을 받고 있다. 지금도 신트라에서 굽이굽이 까보 다 로카로 올라가는 산 중턱에는 유명인들의 별장들이 즐비하다는 이야기를 전해 들었다. 까보 다 로카는 포르투갈에서 빼놓아서는 안 될 최대의 관광명소지만 규모가 작은 만큼 볼거리나 편의시설이 많지 않다. 유럽에서 3번째로 오래된 등대인 이곳의 상징인 빨간 등대와 기념품을 파는 작은 점포가 있다. 대서양을 마주하고 서 있는 십자가 돌탑이 전부이다. 이곳은 파란 세찬 파도가 출렁이는 높은 절벽 언덕에 푸르른 들풀과 이름 모를 노란

꽃들이 만발해서 대륙의 끝자락이라는 말에 실감이 난다. 여기부터 대서양의 시작을 알리는 곳으로 아름답게 수놓고 있다.

6. 국제 소매치기

포르투갈 리스본의 중심지 로시우의 광장에서 일어난 사건이다.
친구 내외는 꿈에 그리던 남유럽 여행을 실행에 옮겨 보려고 여러 여행사와 접촉해서 자기 생활에 맞는 시기를 골라잡아 여행계획을 세웠다.
스페인은 포르투갈과 더불어 중세시대 세계 곳곳을 정복해서 식민지화한 오랜 역사를 지니고 있는 나라이다. 그래서 중세의 역사 발자취, 유물과 흔적이 곳곳에 남아있다.
스페인 바로셀로나에서 1992년 제25회 세계올림픽 경기대회개최 시 황영조 선수가 마라톤 대회에서 1등을 차지해 우리와도 인연이 깊다.
그들은 장시간 비행으로 피곤한 몸을 이끌고 이국땅에서 새 아침을 맞이했다. 지난밤 꿈자리가 왠지 뒤 승승 했다고 말하는 그 친구는 그다음 날도 뭔가 모르게 불안하고 기분이 영 좋지 않았다고 한다. 뭔가 예상치도 못한 불길한 일을 미리 선봉 하는 예감이 들어 매사에 조심하고 경계를 했다고 한다. 그는 지난밤 꿈에 대하여 아내에게 말하고 매사에 조심하라고 당부했다.
왜, 그렇게 마음이 불안할까 꼼꼼히 생각해 보았다. 그러나 그

릴 이유가 없었다. 그는 아내의 안전에 좀 더 신경을 써야겠다고 생각했다. 그로부터 3일이 지나서야 기분이 조금씩 가라앉기 시작했다고 한다.

그 친구의 아내는 몇 년 전에 디스크 후유증으로 걷는 모습이 부자연스럽고 뒤뚱거린다. 다시 말해서 계단, 높낮이 움푹 파인 곳, 모퉁이 돌 때, 좁은 통로 통행 시는 넘어지거나 부딪치지 않도록 항상 세심한 주의를 했다. 차에 오르고 내릴 때, 울퉁불퉁한 땅을 걸을 때는 그는 부인의 손을 꼭 잡고 부축해 다니며 늘 아내의 안전에 신경을 썼다고 한다.

주치의는 골절된 뼈가 너무 약해 걷기 힘들어도 여행을 하면은 주위 구경에 즐거워 힘든지 모르게 움직여서 자연히 뼈가 튼튼해 건강해진다고 해외여행을 권장했다.

그 친구는 늘 아내를 보호하는 차원에서 감싸고 손잡고 다녔다. 그들을 눈여겨본 몇몇 동행한 여행자는 그 친구 부부가 갓 결혼한 사이인지 아니면 불륜관계가 아닌가 하고 의심의 눈초리로 살펴보고 있었다.

어느 날 식당에 마주 앉아 서로 대화하던 중에 그들은 친구 부부에게 무슨 사연이 있느냐고 조심스럽게 입을 열었다. 그런 말을 들을 때마다 결혼한 지 수십여 년의 세월을 보냈다고 말하며, 아내 다리가 불편해서 걸을 때 안전하게 손을 꼭 잡고 다닌다고 했다.

그는 예를 들어가며 이런 말을 구구절절이 설명한 적이 한두 번이 아니라고 말했다. 그런 사유를 들은 여행객들은 너무나 다정해서 보기 좋고, 모두 다 부럽다는 말을 동시에 빼놓지 않고 하더 란다.

광장 뒤 유흥가 골목길

이제 여행도 중반에 접어들었다. 모로코는 아프리카에 속해도 인종과 문화가 남유럽의 영향을 받아 특유의 고유전통을 이어오고 있어 유럽 일부분으로 착각이 될 정도로 유사하다.

이슬람 문화가 짙게 남아있는 그라나다, 영화에 등장하는 유명한 도시 카사블랑카 등 아프리카 모로코를 거쳐서 이제 포르투갈로 들어왔다. 여러 곳을 거쳐서 유럽 대륙의 서쪽 땅끝 마을 까보다 로카에 도착했다. 그 친구는 서쪽 땅끝 마을 주위를 둘러보고 기념으로 인증샷을 했다. 뒤이어 관광객은 포르투갈 수도 리스본에 도착했다.

가이드는 가능하면 휴대용 간이가방을 앞으로 메라고 강조했다. 그들 부부는 점심을 마치고 식당에서 나와 로시우 광장 넓은 정원 좌석에 앉아 담소를 나누는 현지 여러 부부와 동료들의 사진을 찍어 주었다. 그들은 반갑다고 손을 흔들어 고마움을 표시했다. 이제 여행도 종반에 접어들어 광장 뒤 건물 소로를 따라서 기념품 판매점이 있는가를 둘러보았다. 골목길을 거니는 사람들이 가득하고, 그 거리는 모두 식당 아니면 유흥업소 밀집 지역이었다.

　골목길을 빠져나와 넓은 광장으로 들어서며 왼손에는 카메라를 들고 오른손은 그의 아내 손을 잡고서 천천히 광장으로 들어섰다고 한다. 이동 중에 허리에 찬 휴대용가방의 지퍼가 자주 열려 있어 닫기를 여러 번 했다. 사진을 찍다가 멈칫 가방을 보면 열려 있어 또 잠그기를 반복했다. 그런데 그 느낌이 좀 이상하다고는 생각했으나 디지털카메라와 스마트폰을 연달아 바꿔가며 사진을 찍어서 자주 가방에 손이 가게 되고 그런 연유로 지퍼를 자주 여닫은 것으로 착각했다.

　그런 상황을 인지도 못 하고 약속 시각이 다되어 버스에 올랐다. 대기하던 버스는 여자 두 명이 올 때까지 기다리며 계속 주정차할 수가 없어서 두어 번 광장 둘레를 돌아 다시 그 장소로 오기를 반복했다. 뒤늦게 도착한 여인들은 시간이 남았는지 잘못 알고 사진을 계속 찍고 구경을 하고 있었다고 한다.

　버스에 이미 타고 있던 여행객들은 늦게 들어오는 두 여인을 보고서 불평을 하고, 가이드가 몇 마디 쓴소리하는 통에 두 명 중 한 여인이 속상해 울먹여서 달래려 위로를 하느라 법석이었다.

　여행 중에 약속 시각과 장소를 잘못 알아 제시간에 못 오는 경우가 있는가 하면 구경하다가 길을 잃어 헤매다 택시를 타고 찾아오는 사람도 있었다. 그런 경우는 보통 30분 이상 버스 운행이 지체되어 약정한 여행계획에 차질이 종종 발생한다. 늦게 도착한 사람은 나머지 여행객에게 본의 아니게 미안하게 생각한다. 어떤 사람은 아주 뻔뻔하게 미안하다는 말도 없이 들어오는 강심장도 더러 있었다.

버스가 성지 파티마를 향하여 출발한 지 몇 시간이 흘렀다. 드디어 목동들 앞에 나타난 성모마리아 발현지고, 예언했다는 성지 파티마에 도착해서 호텔에 여장을 풀었다.

그들은 파티마 대성당을 둘러보고 저녁 식사 후에 다시 성당 미사에 참석하기로 마음먹었다. 저녁 식사 후에 성당 가는 길목에 호텔 숍을 잠깐 둘러보기로 했다. 여행 중에 잘 지내던 여인이 명함을 달라고 부탁해서 가방 안에 있던 지갑을 아무리 찾아도 없었다고 한다. 가방을 뒤지던 중에 느낌이 달라 다시 뒤집어 자세히 보았다.

아뿔싸!, 휴대용가방 깊숙이 넣은 지갑이 없어졌다. 실망한 나머지 갑자기 없어진 지갑이 너무나 허전하고 황당한 기분이 들었다고 한다.

그 여인이 하는 말은

"혹시 다른 곳에 두었는지도 모르니 방 안에 있는 큰 가방을 찾아보세요."

"아니요, 여기 가방 안주머니에 지갑을 보관했어요." 하고 말하며 실의에 빠져 있었다.

그때 상황을 돌이켜 생각해 보면 포르투갈 리스본 로시우 광장에서 그와 아내 사이에 가려지는 틈새를 소매치기가 교묘히 파고들어 방심한 사이 가방을 열고 지갑을 탈취한 것으로 생각했다. 순간적으로 일어나는 일이라 전연 눈치채지 못하고 당했다. 어느새 그런 소매치기가 수작했는지 그 친구는 전연 몰랐다고 한다.

 현금을 많이 가지고 다니는 한국인이 소매치기의 타깃이 되고 있다는 사실은 이미 잘 알고 있었다. 그러나 그 친구는 자기가 그렇게 당할 줄은 전연 몰랐다고 말하며 순간 너무나 황당하고 어처구니가 없었다고 고개를 떨군다. 순간적으로 일어나는 일이라 특별히 조심밖에 별다른 대안이 없었다고 말한다.

 불행 중 다행스럽게 지갑만 가방에서 쏙 빼가고 여권은 그대로 있었다. 만약에 여권이 없어졌다면 머나먼 이국땅에서 여권을 새로 발급하느라 1개월 이상을 현지에서 머물러야만 했다. 국제 미아가 되어 방황하는 집시처럼 오갈 데도 없이 시간과 돈 그리고 고통을 감내해야만 한다고 생각하니 너무 아찔했다고 한다. 그는 그나마 지갑만 소매치기당한 것이 불행 중 천만다행이라고 생각했다. 옆에서 친하게 함께 다니던 사람은 어디 다치지 않고 돈으로 악운을 때운 것이 훨씬 더 낫았다고 위로의 말을 전하더란다.

 그는 그 사실을 인솔 가이드에게 알리고 카드 본사에 전화해서 카드 분실과 지불정지 신고를 동시에 했다. 조금만 조심하면 안전할 텐데 하는 아쉬움이 너무 안타까웠다고 실토한다.

 이런 일을 당하지 않으려면 휴대용가방을 앞 가슴팍에 차고 손을 얹고 다니고 후미진 곳이나 범죄 소굴은 가능하면 가지 않는 것이 최선의 방지책이라고 말하는 그는 허점이 많은 인생이 어디다 그렇게 마음먹는 대로 잘 되는가 하고 물으며, 자기의 실책을 은연중 자중하는 모습을 보이더란다.

7. 파티마 성모 마리아의 발현 성지
   (Nossa Senhora de Fatima)

파티마는 리스본 북쪽 140km에 위치한 인구 7천여 명의 작은 도시이다. 투마르에서 차로 약 30분(대략 38km) 거리에 산타렘주 빌라노바데오렘에 있다. 파티마는 가톨릭 신자뿐만 아니라 일반인도 한적하고 수려한 풍광에 성지다운 분위기가 서려 있어 국내외로부터 매년 4백만여 명이 찾는다. 가톨릭교회가 공식 인정한 성모 발현지의 성지로서 이름난 순례 도시 중 하나이다.

파티마는 국내외에서 사람이 몰려들어도 도시 자체는 조용하다. 파티마 대성당이 광장 앞쪽에 위치하고, 산티시마 트린다데 바실리카 성당이 뒤쪽에 있다.

코바 다 이리아 넓은 광장은 늘 수많은 신자와 관광객으로 붐빈다. 이 광장은 좌우 너비 240m인 바티칸의 성 베드로 광장보다 2배가 더 크다. 대략 1백만여 명의 사람이 한꺼번에 모일 수 있는 장소로 엄청난 규모가 아닐 수 없다.

파티마 대성당

성모 마리아 발현 예배당에는 수많은 신자가 미사를 드리고 있다. 옛날에 이곳 이리아 광장은 허허벌판 목초지이었다. 제1차 세계대전 중에 성모 마리아가 양치기 어린이 앞에 나타나 평화를 위한 기도를 약속했던 곳에 세운 성당이다. 파티마가 유명해진 것은 성모 마리아의 발현과 3가지 기적이 현실로 이루어진 사실 때문이다. 제1차 세계대전 중이던 1917년 5월 13일 이리아 목초지에서 양을 치던 루시아를 비롯한 3명의 어린 목동 앞에 성모 마리아가 나타났다.

성모 마리아는 어린 목동 3명에게 10월까지 5개월간 매달 13일에 열심히 기도하면 평화를 주겠다고 약속했다. 목동은 그 이야기를 주위 사람들에게 알리며 하늘의 계시라고 말했다. 이 소문을 들은 경찰은 유언비어로 사회를 혼란스럽게 한다고 목동을 체포해 철저히 조사하고 순례를 금지했다. 그러나 아이들은 끝까지 성모 마리아를 봤다고 진술했고, 이 중 유일하게 성모 마리아와 이야기를 나눈 루시아는 성모의 3가지 비밀을 털어놨다.

제2차 세계대전이 발발해 앞으로 인류의 재앙이 오고, 구소련 공산주의 팽창으로 세계 냉전 시대가 오며, 1981년 교황 요한 바오로 2세 암살 등에 관한 예언이었다.

이들은 성모와 약속한 날짜까지 비밀로 지키겠다는 말까지 공개했다. 결국 이런 예언은 세월이 흐르며 모두 현실화했다. 특히 암살 시도에 대한 예견은 당시 교황에게만 털어놓았다. 이 말을 들은 교황은 2000년에 대중에게 밝혔다.

목동의 얘기를 듣고 파티마에 모여든 6만여 명의 신도는 1917년 10월 13일에 하늘에서 태양이 빙글빙글 도는 것을 목격하고는 성모 마리아가 파티마에 강림한다고 믿게 되었다.

1930년 포르투갈 주교들이 파티마의 성모 발현을 공식 인정했고 가톨릭은 1917년 10월 13일을 '태양이 춤을 춘 날'이라고 명명했다.

파티마 호텔에서 다정한 모습의 기념사진

대성당은 1917년에 일어난 파티마의 기적 이후 레이리아의 주교가 신빙성을 인정하면서 1928년 신고전주의 건축양식으로 건축을 시작했다. 1953년 10월에 봉헌식이 거행됐다. 로사리오 성당으로도 불리는 이 성당은 성모가 목동에게 묵주를 들고 기도하라고 청했다는 말에서 유래되었다. 대성당 앞에는 65m 높이의 큰 십자가 탑이 세워져 있다. 성당에는 발현을 체험한 목동과 1920년 복원 후 첫 주교였던 호세 알베스 코레이아 다 실바의 묘가 있다.

성당 내에는 1952년에 1만 2천여 개의 부품으로 이뤄진 파이프 오르간을 설치하고, 파티마 기적에 관한 내용을 담은 스테인드글라스 등이 있다. 매년 5월에서 10월 13일에 세계 여러 나라에서 몰려온 신도들은 성모의 처음과 마지막 발현일인 5월 13일과 10월 13일에 인산인해를 이룬다.

고딕 양식의 대성당은 웅장한 모습을 보인다. 고딕 양식은 중세시대 말 유럽에서 번성한 건축 양식의 하나로 로마네스크 건축 이후와 르네상스 건축 이전에 있었다.

로마네스크와 르네상스 양식 사이에 변형한 양식으로 12세기에서 15세기 무렵까지 서유럽에서 널리 사용한 건축양식이다. '고딕'이란 '고트적'이란 뜻으로 르네상스 시대의 미술가는 그들 이전의 미술을 야만적이라고 멸시하는 데에서 유래한 이름이다. 그러나 대중적이어서 중세 문화를 대표하는 양식으로 자리매김하여 주로 교회 건축에 많이 응용했다.

이 건축 양식은 하늘을 우러러보는 중세 사람들의 열렬한 종교 신앙심을 표출하고 있다. 높은 천장에 크고 긴 창문을 아름다운 채색 유리, 스테인드글라스로 꾸며 내부시설을 밝게 만들고 교회 지붕은 하늘을 향한 수직 첨탑을 세웠다.

고딕 건축은 유럽의 교회와 대 수도원, 그리고 수많은 대성당의 건축에서 쉽게 찾아볼 수 있는 건축양식이다. 여기에 속하는 대표적인 건물은 파리의 노트르담 성당, 샤르트르 대성당, 체코의 성 비투스 대성당 등이다.

이제 파티마 성지 관광을 끝내고 살라망카로 이동하고 있다. 주위 크고 작은 산에는 울창한 수목으로 뒤덮여 자연환경이 너무 아름답다.

어느새 도시로 진입하고 있다. 길게 뻗어 고풍스러운 성곽, 궁전, 마을 회관, 협회 건물, 종합대학, 주택에 이르기까지 이러한 고딕 양식의 건축물이 널리 퍼졌다. 큰 교회와 성당, 그리고 고딕 양식이 가장 많이 쓰인 수많은 일반 건물에서 찾을 수 있다. 이 건물의 특징은 인간의 정서와 감정에 어필하고 있다. 수많은 교회 건물은 자주 건축학적으로 구별되는 구조물이다. 수많은 큰 교회는 참된 가치를 측정할 수 없을 정도로 여겨서 세계문화유산으로 등재되어 있다.

고딕 복고 양식은 영국에서 18세기 말에 시작해서 20세기에 이르기까지 교회와 종합대학 건축양식으로 널리 이어져 왔다.

8. 유서 깊은 살라망카

살라망카는 마드리드에서 차로 약 2시간 거리에 있는 고대 도시이다. 도시에는 고색 찬란한 유적을 비롯한 로마 다리, 플라자 마요르 광장과 살라망카 대성당이 있다.

고대 로마 다리는 스페인 카스티레이 레온 자치지역 남서부살라망카 주의 주도 살라망카에 있는 로마 시대의 다리이다. 로마가 이베리아반도를 지배하던 시기인 1세기경에 건설한 다리로 2000년이 지난 지금도 원형 그대로 보존하고 있어 로마의 건축술에 감탄사를 자아낸다.

로마 다리는 살라망카 시내 한가운데를 흐르는 토르메스강에 걸쳐 있다. 전체 길이는 176m이고 폭은 3.7m이다. 토르메스강 구간 중에서 강폭이 가장 넓은 지점을 가로질러 놓여 있고, 교각을 이루는 반원형 아치는 모두 26개에 이른다. 오랜 시간이 지난 지금까지도 손상된 부분 없이 거의 원형 그대로 살라망카의 주요 교통로로 사용하고 있다. 살라망카를 대표하는 문화유산 가운데 하나이며 1931년 6월 스페인 정부의 특별 기념물로 지정되었다.

플라자 마요르 광장은 18세기 스페인 왕 필립 5세가 왕위 계승 시 프랑스와 연합해 다른 나라와 전쟁을 치러 승리하고서 그 기념을 위해 광장을 건립했다. 짜임새 있는 디자인에 광장 주위에 건물을 잘 배치해서 도시민의 휴식과 쉼터로 애용하는 이름난 광장이다.

플라자 마요르 광장

　살라망카 대성당은 마드리드에서 대략 180km 떨어진 지방 도시이다. 외벽의 섬세한 조각과 정문의 색이 우아한 여인의 옷자락처럼 아름다웠던 살라망카 대성당은 모든 이의 눈길을 끈다. 건물의 외벽에 빼곡히 장식된 조가비의 문양과 창문의 장식이 독특하고 아름답다. 조개의 집은 산티아고 순례길을 지키던 기사의 집이었다. 지금은 공공도서관으로 쓰인다.
　대학이 세워진 학원도시로 스페인어를 배우러 오는 외국 유학생이 많이 살고 있다.
　살라망카 여행 시 둘러볼 거리는 첫 번째 조개의 집을 보고, 두 번째는 살라망카 대학, 세 번째는 살라망카 대성당이고, 네 번째는 로마 다리, 다섯 번째는 살라망카 마요르 광장 등이다.
　살라망카 대성당에는 성인의 그림, 그리스도의 탄생과 설교하는 모습이 정교하게 조각되어 있다.
　이제 스페인의 수도 마드리드에 진입했다. 거리에는 고층 건물이 즐비하다.

마드리드 시내에 아이보리색 개선문이 있다. 개선문 위에 청동 기마상이 있다. 마치 파리 개선문과 비슷하나 규모 면에서 조금 작아 보인다. 최신 건물이 즐비한 복잡한 시내를 버스 창문을 통해서 구경하고 있다.

이제 여행도 종반에 접어들어 귀국 준비를 위해 올리브유 전문점에 들렀다. 쇼핑하며 순도 84% 올리브 유(Nobis)와 발삼익 식초 몇 병을 선물용으로 구입했다.

9. 스페인 마드리드 국제공항

시내 번화한 거리에 있는 레알 마드리드 주 경기장을 둘러보았다. 상당한 규모의 마드리드 경기장은 외벽도 호화스러운 시설이다. 우리는 경기장을 배경으로 기념사진을 찍었다.

점심때가 되어서 아리수 음식점(ARISU RESTAURANTE)에 들어갔다. 아리수 음식점은 동포가 운영하는 한식 음식점이다. 오래간만에 밥과 김치, 된장찌개를 먹으니 속이 후련하다.

'꽃보다 할배'는 이순재, 신구, 백일섭, 박근형 등 할아버지와 안내를 맡은 이서진의 황혼 배낭여행은 2015년, 3월에서 5월까지 스페인에서 벌어지는 에피소드를 소상히 방영해 인기를 차지했다.

식사하고서 마드리드 국제공항으로 출발한다. 공항 청사에 도착해 가방을 끌고 해당 항공사로 가고 있다. 공항 내 지하철을 타고서 반대편 탑승구 쪽으로 이동하고 있다. 안내 데스크로 가는 도중에 스페인 대가족을 만나 서로 인사하고 기념사진을 찍었다.

식당 벽면에 '꽃보다 할배' 포스타

가족 중에 어린애가 앞에서 열십자 포즈를 취하고 가족 모두가 환영 인사를 해서 인상 깊은 추억을 남겼다. 스페인 대가족도 모두 외국인인 우리 부부에게 호감을 갖고서 환영하며 좋아한다. 가족 모두의 얼굴에 함박웃음을 띤 모습이 아름답다.

스페인 마드리드 공항 게이트 S29게이트에서 EK322기 탑승해 두바이를 거쳐서 인천 국제공항에 도착한 시간은 다음날 오후 5시이다.

12일 동안 남유럽 여행을 하면서 고대, 중세 시대, 현대에 이르기까지 스페인, 포르투갈, 모로코 등 주요 도시를 여행하며 역사와 문화예술을 공부하게 되어 잊을 수 없는 아름다운 추억을 가슴 깊이 새겨서 감사하게 생각한다.

스페인 대가족과 함께 기념사진

V. 에필로그

　이 세상은 자연의 법칙인 강 육 양식의 논리에 의해서 지배한다. 강대국의 위세에 눌려 약소국, 약소민족은 바람 앞의 등불이다. 자칫 안보에 소홀하면 지구상에서 흔적도 없이 사라지는 예는 역사를 통해서 수없이 증명되었다.
　대항해시대 스페인, 포르투갈은 자국보다 수십수백 배 더 넓은 영토를 해외식민지로 개척했다. 그들은 무자비한 살육을 저질러 점령하고 철권으로 지배하며 금은보화 천연자원을 수탈해 갔다. 유럽제국은 나폴레옹 전쟁의 영향도 있겠지만 영국은 해외식민지의 기존체제와 민족의 자존심을 존중하고 어느 정도 자율권을 부여하며 공생한다.
　그 결과 스페인, 포르투갈을 비롯한 유럽제국이 지배하던 식민지는 그의 속박에서 벗어나기 위해 격렬한 저항, 투쟁으로 자주독립을 이른다. 과거 식민지 시대 자행한 인과응보는 후세에 영향을 주어서 영국만은 아직도 영연방 일원으로 일부 남아서 서로 유대를 강화하며 지속하고 있다. 그 이유를 금과옥조로 삼아야 한다.
　이 지구상에 나라가 생존하려면 그 나라의 구성원인 민족성과 국가지도자가 어떻게 국가경영을 하느냐에 따라서 흥망성쇠로 이어진다. 민족의 번영을 위해서는 철학이 있는 지도자가 국가를 운영해야 하고 올바르게 깨어있는 국민이 뒤따라야 국가와 민족이 융성 번성한다는 사실을 알게 되었다. 그런 면에서보다 더 심층 있게 과거 역사를 되돌아보는 교훈은 우리에게 시사하는 바가 크다.